Olivier Besancenot
Michael Löwy

Der Arbeitstag und das „Reich der Freiheit“

Originalausgabe:
Olivier Besancenot / Michael Löwy
La journée de travail et le „règne de la liberté"

Aus dem Französischen übersetzt von Bruno Kern.

Bibliografische Information der Deutschen Nationalbibliothek
Die Deutsche Nationalbibliothek verzeichnet die Publikation in der Deutschen Nationalbibliografie; detaillierte bibliografische Daten sind im Internet über http://dnb.d-nb.de abrufbar.

Erste Auflage
Michael Löwy, Olivier Besancenot:
Das Reich der Freiheit beginnt mit der Verkürzung des Arbeitstages
Übersetzung: Bruno Kern
Redaktion: Bruno Kern
Druck: CPI buchbücher.de GmbH
Umschlag: Niki Bong
Titelbild: EllyGri / Shutterstock
www.mangroven-verlag.de
info@mangroven-verlag.de
ISBN: 979-3-946946-39-7

Olivier Besancenot / Michael Löwy

Der Arbeitstag und das „Reich der Freiheit“

Zum Gedenken an Daniel Bensaïd,
den Freund, Genossen und Intellektuellen

Inhalt

Vorwort zur deutschen Ausgabe

Ein paar Worte über den Kampf um die Arbeitsstunden in Deutschland für die deutschsprachige Ausgabe unseres Werks:

Wie bekannt, war die Lage der Arbeiter in Deutschland zur Zeit von Marx und Engels schlimmer als die der englischen. Das gilt besonders im Hinblick auf die täglichen Arbeitsstunden. Im ersten Band von *Das Kapital* zitiert Marx die Worte eines englischen Fabrikinspektors, der auch Kontinentaleuropa besuchte:

> Der preußische Fabrikarbeiter arbeitet mindestens 10 Stunden mehr per Woche als sein englischer Rival, und wenn er an seinem eignen Webstuhl zu Hause beschäftigt wird, fällt selbst diese Schranke seiner zusätzlichen Arbeitsstunden weg. (MEW 1, 284)

Rosa Luxemburg verstand diese Frage als einen wichtigen Teil des Klassenkampfes. Im Gegensatz zur bürgerlichen Geschichtsauffassung betrachtete sie die kapitalistische Wirtschaft von Standpunkt der Arbeiterklassen nicht als „Fortschritt". In ihrer *Einführung in die Nationalökonomie* zeigt sie, wie durch den Kapitalismus die Arbeitszeit länger wurde als in vorkapitalistischen Gesellschaften:

> Und so ist das Erste, was die Kapitalisten von den Regierungen erringen, Zwangsgesetze zur Verlängerung der Arbeitszeit. [...] Erst die moderne kapitalistische Industrie hat die bis dahin ganz unbekannte Erfindung der Nachtarbeit zuwege gebracht. In allen früheren Gesellschaftszuständen galt die Nacht als eine von Natur selbst zur Ruhe für den Menschen bestimmte Zeit. [...] Desgleichen wurde der Sonntag, der im Mittelalter von dem Zunfthandwerk in strenger Weise hochgehalten wurde, dem Mehrwerthunger des Kapitalisten geopfert und zu den übrigen Arbeitstagen geschlagen. Dazu kamen noch Dutzende

> von kleinen Erfindungen zur Verlängerung der Arbeitszeit: das Einnehmen der Mahlzeiten während der Arbeit ohne jede Pause, das Reinigen der Maschinen nicht während des üblichen Arbeitstages, sondern nach seiner Beendigung [...] usw. (GW 5, 744–745)

Ende des 19. Jahrhunderts wurde die Auseinandersetzung um die Länge des Arbeitstages ein zentrales Kampffeld. Lange Zeit nahmen Forderungen nach Arbeitszeitverkürzung sogar einen höheren Stellenwert ein als die Forderung nach höheren Löhnen. Davon zeugen viele der ersten Arbeitskämpfe, die für die Verkürzung der Arbeitszeit geführt wurden. Die Tradition des ersten Mai als „Arbeiterkampftag" entstand 1886 im Zusammenhang mit Aktionen für den Achtstundentag (vgl. Dietenberger 2013).[1]

Die Antwort von Reichskanzler Otto von Bismarck in seiner Rede im Reichstag am 15. Januar 1885 ist typisch für die Reaktion der herrschenden Klasse auf die Frage des Arbeitstages: Leider könne dieser nicht gekürzt werden, denn dies könnte unsere Exportindustrie „konkurrenzunfähig mit dem Auslande" machen. Dasselbe Argument wird noch bis heute, 150 Jahre später, von den Kapitalisten und ihren politischen Vertretern benutzt.

Nicht nur die Gewerkschaften, sondern auch die Sozialdemokratische Partei Deutschlands setzte sich den Achtstundentag zum Ziel. Aber dieser Kampf wurde nicht immer mit genügende Konsequenz geführt. In einem Artikel vom 19. September 1902 in der *Leipziger Volkszeitung* kritisierte Rosa Luxemburg die SPD-Fraktion in Parlament, die sich anstelle des Achtstundentags um ein „realistischeres" Ziel bemühte: den Zehnstundentag. Mit wenig Hoffnung auf die SPD-Fraktion glaubte Luxemburg, dass der Schwerpunkt der Agitation um den Achtstundentag eher „draußen" im Lande und nicht im Reichstag liegen soll. Denn die große Arbeitermasse „kennt keine diplomatischen Kniffe; sie hält an der Forderung der *achtstündigen* Arbeitszeit fest" (GW 1/2, 290).

Vielfach konnten die Gewerkschaften erst durch lange Streiks Verhandlungen zu Arbeitszeitfragen erzwingen. Stellvertretend sei hier nur an den heroischen, fast ein halbes Jahr dauernden Arbeitskampf der Crimmitschauer Textilarbeiterinnen im Jahr 1903 und den Arbeitskampf der Metaller von

1 Die meisten Daten zu dieser Frage haben wir in diesem interessanten Essay gefunden.

Hannover-Linden 1910 erinnert. Lokale Siege wurden in manchen Fabriken erreicht, aber erst mit der November-Revolution (1918) wurde mit dem Aufruf des Rats der Volksbeauftragten vom 12. November 1918 die Arbeitszeit zum 1. Januar 1919 für alle lohnabhängigen Arbeitskräfte auf acht Stunden pro Tag begrenzt.

Aufgrund der Krise von 1929 war die durchschnittliche Wochenarbeitszeit in der Industrie von 49,9 Stunden im Jahr 1927 auf 41,5 Stunden im Jahr 1932 gesunken. Mit der Aufrüstungspolitik der Nazis stieg auch die Arbeitszeit wieder an: 47,9 Stunden im Jahr 1938 und 48,3 Stunden im Jahr 1944.

Nach dem Krieg wurde dank des langjährigen Kampfes der IG Metall die Arbeitszeit in der Metallindustrie von August 1958 bis zum 1. Januar 1967 stufenweise auf vierzig Stunden pro Woche gesenkt. Aber erst 1978 konnte die große Mehrheit der westdeutschen Arbeiter die 40-Stunden-Woche genießen.

Im Jahr 1984 kam es in der Bundesrepublik zu einem der härtesten Arbeitskämpfe in der Nachkriegszeit: Sieben Wochen lang wurde in der Metall- und 13 Wochen in der Druckindustrie, den beiden Vorreitern in der Arbeitszeitpolitik, gestreikt mit der Losung „35 Stunden pro Woche". Kanzler Helmut Kohl erklärte, die Forderung nach einer 35-Stunden-Woche sei „absurd, töricht und dumm". Nach langem Kampf kam es zu einem Kompromiss: Ab April 1985 sollte es die 38,5-Stunden-Woche mit vollem Lohnausgleich zuzüglich einer Tariferhöhung von 2 Prozent geben.

Es bedurfte noch vier weiterer Schritte und weiterer zehn Jahre, um schließlich bis zum Jahr 1995 in Westdeutschland zu einer weitgehenden Verallgemeinerung der 35-Stunden-Woche zu gelangen. Bezahlt wurde dieser Fortschritt mehrmals – mit Lohnzurückhaltung in den Tarifauseinandersetzungen.

Wir hoffen, dass unser Büchlein ein kleiner Beitrag für die Diskussion in Deutschland über die Notwendigkeit einer weiteren Verkürzung der Arbeitswoche sein wird.

Paris, 28. Januar 2022
Michael Löwy, Olivier Besancenot

Einleitung

Dieses Buch ist einerseits eine Reflexion über das Marx'sche Denken, andererseits aber mischt es sich ein in die gegenwärtigen Debatten und Kontroversen um die Arbeitszeit. Unseren Ausgangspunkt bildet dabei ein Gedanke, den Karl Marx im dritten Band seines Hauptwerkes, *Das Kapital,* formuliert hat: *Das Reich der Freiheit beginnt mit der Verkürzung des Arbeitstages.* (vgl. MEW 25, 82) Das Marx'sche Werk wurde allzu oft einer positivistischen, ökonomistischen und bloß akademischen Lesart unterworfen. Mehr als zweihundert Jahre nach der Geburt seines Schöpfers ist es an der Zeit, seine herausragende humanistische und revolutionäre Seite zu beleuchten. Letztlich geht es darum, die Aktualität der von Marx aufgeworfenen Fragen, ihre Bedeutung für unsere heutigen Kämpfe sowie ihre kritische und visionäre Kraft aufzuzeigen. Es handelt sich um eine Denkwerkstatt, die uns mit Waffen ausstattet, um die brutale neoliberale Offensive für eine Verlängerung des Arbeitstages, eine Erhöhung des Renteneintrittsalters und die Abschaffung der im Lauf von mehr als hundert Jahren errungenen sozialen Rechte abzuwehren und zurückzuschlagen und der bourgeoisen Religion der „Arbeit" und „Produktion" Widerstand zu leisten, von der die Arbeiterbewegung nur allzu oft infiziert wurde.

Es ist bereits einige Jahrzehnte her, dass unser Freund Daniel Bensaïd geschrieben hat: „Warum führten die Produktivitätsgewinne zu Ausgrenzung und Prekariat anstatt dass sie dazu gedient hätten, die Zeit des Arbeitszwanges zu verkürzen und stattdessen eine Zeit der Teilhabe an der Zivilgesellschaft und der Kreativität freizusetzen?" (Bensaïd 2008, 49) Diese Frage bringt präzise auf den Punkt, worum es uns in unserer Untersuchung geht.

Das Buch umfasst fünf Kapitel, in denen das Folgende abgehandelt wird:

Kapitel I: Der Kommunismus als Reich der Freiheit. Das heißt, darin geht es um die Reflexion von Marx selbst und einigen Marxisten über die zivilisatorische Bedeutung der freien Zeit.

Kapitel II: Der Kampf um die Verkürzung der Arbeitszeit, wie er im achten Kapitel des ersten Bandes von *Das Kapital* dargestellt wird. Es geht also um das, was Marx den „versteckten Bürgerkrieg zwischen der Kapitalistenklasse und der Arbeiterklasse" (MEW 23, 316) nennt.

Kapitel III: Der Kampf um die Verkürzung der Arbeitszeit seit den Märtyrern von Chicago, Pionieren des Ringens um die „drei acht", bis ins 21. Jahrhundert.

Kapitel IV: Der Kampf um die Verkürzung des Arbeitstages heute, angesichts der neoliberalen Offensive. Die Arbeitszeitverkürzung ist die einzige wirksame Antwort auf die Arbeitslosigkeit; die freie Zeit ist im humanen, sozialen und ökologischen Sinne von Bedeutung.

Kapitel V: Ein utopischer Ausflug in eine emanzipierte kommunistische Zukunft, in der die Menschen schließlich über freie Zeit verfügen werden; einige konkrete Vorstellungen vom „Reich der Freiheit".

Es versteht sich von selbst, dass dieses „Reich" eine radikale Veränderung, das heißt eine *Revolution*, zur Voraussetzung hat. Bensaïd betont in diesem Zusammenhang, dass diese Revolution kein vorfabriziertes Modell ist, sondern vielmehr eine *strategische Hypothese* sowie einen *ethischen Horizont* darstellt, „ohne den der Wille resigniert aufgibt, der Widerstandsgeist kapituliert, die Treue versagt und die Tradition verlorengeht" (Bensaïd 1997, 290–291).

Unser Text ist weder eine rein wissenschaftliche Analyse noch eine politische Kampfschrift, der es lediglich um das geht, was gegenwärtig auf dem Spiel steht. Er versucht vielmehr, das „philosophische" und historische Studium mehrerer Texte von Karl Marx, die Geschichte vergangener Kämpfe und die Analyse der aktuellen Debatten miteinander zu verbinden, um schließlich in ein fiktives „futuristisches" Szenario zu münden.

Wie bereits unsere beiden früheren Werke – über Che Guevara und über den libertären Marxismus – wurde auch dieses Buch gemeinschaftlich verfasst. Wir haben die einzelnen Kapitel untereinander aufgeteilt, doch ein jeder von uns hat das jeweilige Kapitel des anderen gegengelesen und überarbeitet. Anlässlich seines zweihundertsten Geburtstages geben wir damit Karl Marx und mit ihm all jenen die Ehre, die ihr Leben für diesen gesellschaftlich und moralisch zutiefst gerechten Kampf gegeben haben. Doch wir wissen sehr wohl, dass jede Generation mit neuen Problemen konfrontiert ist, die nicht einfach mit Verweis auf die Schriften der Gründerväter oder die Erfahrungen vergangener Kämpfe gelöst werden können. Wir schließen uns der melancholischen Wette Daniel Bensaïds, die kommunistische Zukunft der Menschheit betreffend, an. Wie er sind wir uns dessen bewusst, dass uns nichts die „singenden künftigen Tage" garantiert. Die Gegenwart stellt sich als Weggabelung dar, und es ist nicht ausgemacht, in welche Richtung sie letztlich führt. Das hängt von jedem Einzelnen von uns ab.

I. Das „Reich der Freiheit" (K. Marx)

Sein oder Haben?

Karl Marx hat sehr selten über die künftige emanzipierte Gesellschaft geschrieben. Er hatte durchaus ein großes Interesse an Utopien, doch er misstraute deren allzu normativen, festgelegten, verkürzten und dogmatischen Spielarten. Ihm ging es – wie Miguel Abensour mit Nachdruck in Erinnerung ruft (Abensour 2016) – darum, die Utopie zum kritischen Kommunismus hin zu überschreiten. Im dritten Band von *Das Kapital*, den Marx selbst als unabgeschlossenes Manuskript hinterließ und den Engels nach dessen Tod im Jahr 1894 veröffentlichte, findet sich ein oft zitierter, aber kaum analysierter Abschnitt. Darin taucht das Wort „Kommunismus" nicht auf, doch Marx definiert darin sehr wohl die künftige klassenlose Gesellschaft. Es geht dabei um eine Option von höchster Bedeutung, die er mit seinem Ausdruck *Reich der Freiheit* benennt:

> Das Reich der Freiheit beginnt in der Tat erst da, wo das Arbeiten, das durch Not und äußere Zweckmäßigkeit bestimmt ist, aufhört [...]. Die Freiheit in diesem Gebiet kann nur darin bestehen, dass der vergesellschaftete Mensch, die assoziierten Produzenten, diesen ihren Stoffwechsel mit der Natur rationell regeln, unter ihre gemeinschaftliche Kontrolle bringen, statt von ihm als von einer blinden Macht beherrscht zu werden; ihn mit dem geringsten Kraftaufwand und unter den ihrer menschlichen Natur würdigsten und adäquatesten Bedingungen vollziehn. Aber es bleibt dies immer ein Reich der Notwendigkeit. Jenseits desselben beginnt die menschliche Kraftentwicklung, die sich als Selbstzweck gilt, das wahre Reich der Freiheit, das aber nur auf jenem Reich der Notwendigkeit als seiner Basis aufblühn kann. Die Verkürzung des Arbeitstags ist die Grundbedingung. (MEW 25, 828)

Interessant ist der Kontext, in dem dieser Abschnitt steht. Es geht darin um eine Erörterung der Arbeitsproduktivität. Die Steigerung der Produktivität ermöglicht nicht nur – so legt es der Autor von *Das Kapital* nahe – die Vergrößerung des produzierten Reichtums, sondern auch und vor allem die Verkürzung der Arbeitszeit. Diese hat also den Vorrang vor einer unbegrenzten Ausdehnung der Güterproduktion.

Marx unterscheidet also zwischen zwei Bereichen des gesellschaftlichen Lebens: dem „Reich der Notwendigkeit“ und dem „Reich der Freiheit“. Jedem der beiden entspricht eine bestimmte Art der Freiheit.

Beginnen wir mit der näheren Betrachtung des „Reichs der Notwendigkeit“, also der „Sphäre der materiellen Produktion“ und damit der Arbeit, die „durch Not und äußere Zweckmäßigkeit bestimmt ist“. Freiheit gibt es auch innerhalb dieser Sphäre, aber hier ist es nur eine begrenzte Freiheit im Rahmen der von der Notwendigkeit auferlegten Schranken. Es handelt sich um die demokratische, gemeinschaftliche Kontrolle durch die über ihre materiellen Austauschbeziehungen – ihren „Stoffwechsel“ – mit der Natur vergesellschafteten Menschen. Anders ausgedrückt: Wovon Marx hier spricht, ist die demokratische Planung, das heißt die wesentliche Bestimmung, die das sozialistische Wirtschaftsprogramm ausmacht. Freiheit bedeutet hier Emanzipation von der blinden Macht wirtschaftlicher Kräfte: des kapitalistischen Marktes, der Akkumulation des Kapitals, des Fetischismus der Ware.

Marx verkennt natürlich keineswegs die von den herrschenden Klassen, der bourgeoisen Oligarchie, den Bankiers und Monopolisten jeglicher Art ausgeübte Macht. Die Freiheit besteht auch in der Beseitigung von deren autokratischer und parasitärer Macht. Doch die viel entscheidendere Herrschaft ist die der anonymen Kräfte des Systems, der Finanzmärkte, des Geldes, der Ware, des Kapitals, soweit sie sich als entfremdet und verdinglicht erweisen. Der Kapitalist selbst ist, unbesehen seines Reichtums und seiner parasitären Privilegien, wie Marx betont, lediglich die „Charaktermaske“, die Personifizierung des Kapitals mitsamt seinen Zwängen. Die Akkumulation des Kapitals ist eine Art totalitäre Diktatur, die sich über alle Bereiche des Lebens erstreckt und die das Schicksal der Individuen bestimmt, von denen die einen zur Arbeitslosigkeit, die anderen zum Elend verdammt und alle zusammen der Willkür einer „blinden“ Macht unterworfen sind.

In *Die deutsche Ideologie* (1846) bemerkt Marx, dass die Individuen entgegen dem ersten Anschein in der bürgerlichen Gesellschaft nicht freier sind als in der Feudalgesellschaft, ganz im Gegenteil: „In der Vorstellung sind daher die Individuen unter der Bourgeoisieherrschaft freier als früher, weil ihnen ihre Lebensbedingungen zufällig sind; in der Wirklichkeit sind sie natürlich unfreier, weil mehr unter sachliche Gewalt subsumiert." (MEW 3, 76)

Der Soziologe Max Weber, der weit davon entfernt war, ein Marxist zu sein, spricht dennoch in der zweiten Auflage seines wichtigsten Buches, *Die protestantische Ethik und der Geist des Kapitalismus* (1920), von der modernen Wirtschaftsordnung als jenem „mächtigen Kosmos [...], der heute den Lebensstil aller Einzelnen, die in dies Triebwerk hineingeboren werden – nicht nur der direkt ökonomisch Erwerbstätigen – mit überwältigendem Zwange bestimmt" (Weber 2016, 486–487). Um welche „moderne Wirtschaftsordnung" geht es hier? Ein anderer Abschnitt aus demselben Buch benennt sie ausdrücklich: Es handelt sich um die kapitalistische Wirtschaftsordnung, die die Einzelnen wie ein stählernes Gehäuse gefangen hält:

> Die heutige kapitalistische Wirtschaftsordnung ist ein ungeheurer Kosmos, in den der Einzelne hineingeboren wird und der für ihn, wenigstens als Einzelnen, als faktisch unabänderliches Gehäuse, in dem er zu leben hat, gegeben ist. Er zwingt dem Einzelnen, soweit er in den Zusammenhang des Marktes verflochten ist, die Normen seines wirtschaftlichen Handelns auf. (Weber 2016, 161)

Im Gegensatz zu Weber glaubt Marx keineswegs, dass die kapitalistische Wirtschaftsordnung ein „unabänderliches" Schicksal darstellt, dem man nicht entrinnen kann. Anders als Weber geht er nicht von den „Einzelnen" aus, sondern von den *gesellschaftlichen Klassen*. Seinem gesamten Nachdenken im Bereich von Gesellschaft und Politik liegt das Setzen darauf zugrunde, dass die ausgebeuteten Klassen die Gitterstäbe dieses „stählernen Käfigs" durchbrechen und sich vom unerbittlichen Zwang des kapitalistischen Systems und dessen „Marktgesetzen" *befreien* können. Dank einer kollektiven Neuorganisation des Gesellschafts- und Wirtschaftslebens und einer demokratischen Planung der Produktion, das heißt des „Stoffwechsels" mit der Natur, wird die Entfremdung überwunden, und der Gesellschaft erschließt sich eine erste Art von *Freiheit*. Sie wird frei und demokratisch über die Prioritäten in Produktion und Konsum, über die notwendige, von jedem Menschen geforderte Arbeitszeit und über die Dringlichkeit der zu befriedigenden Bedürfnisse entscheiden können – und all dies unter Berücksichtigung ökologischer Gleichgewichte.

Wie kann man echte von künstlichen, falschen oder erzeugten Bedürfnissen unterscheiden? Letztere werden ganz und gar von der Werbung geschaffen. Die Werbeindustrie – die die Bedürfnisse durch mentale Manipulation beeinflusst – hat im Lauf des 20. Jahrhunderts in den kapitalistischen Gesellschaften alle Sphären des menschlichen Lebens durchdrungen. Alles ist ihren Regeln gemäß gestaltet – nicht nur die Ernährung und Kleidung, sondern auch so unterschiedliche Bereiche wie Sport, Kultur, Religion und Politik. Die Werbung hat unsere Straßen, unsere Briefkästen, unsere Fernsehbildschirme, unsere Zeitungen und unsere Landschaften heimtückisch, dauerhaft und in aggressiver Weise überflutet.

Während die Werbung eine unverzichtbare Dimension einer kapitalistischen Marktwirtschaft ist, wäre sie in einer Gesellschaft, die sich im Übergang zum Sozialismus befindet, fehl am Platz. Sie würde durch Informationen über Produkte und Lieferservices von Konsumgenossenschaften ersetzt. Das Kriterium zur Unterscheidung zwischen einem echten und einem künstlichen Bedürfnis ist dessen Fortbestand nach der Eindämmung der Werbung. Es versteht sich von selbst, dass die alten Konsumgewohnheiten eine gewisse Zeit lang weiterbestehen würden. Die Änderung von Konsummustern ist ein historischer Prozess und eine erzieherische Herausforderung.

Der Warenfetischismus erzeugt über die dem kapitalistischen System eigene Ideologie und Werbung einen Kaufzwang. Es gibt keinen Beweis dafür, dass er Bestandteil einer „ewigen Menschennatur“ ist. Ernest Mandel betonte: „Die kontinuierliche Anhäufung von immer mehr Gütern (mit abnehmendem ‚Grenznutzen‘) ist keineswegs ein universelles oder auch nur vorherrschendes Merkmal menschlichen Verhaltens. Die Entwicklung von Talenten und Neigungen um ihrer selbst willen; der Schutz von Gesundheit und Leben; die Betreuung von Kindern; die Herausbildung reicher Sozialbeziehungen als Vorbedingung für geistige Stabilität und Glücklichsein – so sehen, sobald die materiellen Bedürfnisse befriedigt sind, die Hauptmotivationen aus.“ (Mandel 2000, 213)

Kehren wir zum bereits zitierten Abschnitt aus dem dritten Band von *Das Kapital* zurück. Es ist interessant zu beobachten, dass es darin nicht um die „Herrschaft“ der menschlichen Gesellschaft über die Natur geht, sondern um die kollektive Kontrolle des Austauschs mit ihr – was hundert Jahre später zu einem der Grundprinzipien des Ökosozialismus werden sollte. Die Arbeit bleibt eine von der Not aufgezwungene Tätigkeit zur Befriedigung materieller Bedürfnisse der Gesellschaft. Doch sie wird nicht länger entfremdet und der menschlichen Natur unwürdig sein.

Die zweite, radikalere, umfassendere Form der Freiheit, jene, die dem „Reich der Freiheit“ entspricht, ist jenseits der Sphäre der materiellen Produktion und der notwendigen Arbeit angesiedelt. Dennoch verbindet diese beiden Formen der Freiheit ein wesentliches *dialektisches* Verhältnis: Nur dank einer demokratischen Kontrolle der gesamten Wirtschaft wird man der freien Zeit den Vorrang einräumen können, und umgekehrt ermöglicht es die maximale Ausdehnung eben dieser freien Zeit dem Arbeiter, aktiv am politischen Leben und der Gestaltung nicht nur von Unternehmen, sondern des gesamten wirtschaftlichen und gesellschaftlichen Handelns auf der Ebene von Stadtteilen, Kommunen, Regionen und Ländern teilzunehmen. Der Kommunismus kann nicht ohne eine Beteiligung der gesamten Bevölkerung am demokratischen Diskussions- und Entscheidungsfindungsprozess existieren, der sich nicht wie heute in einer Stimmabgabe alle vier oder fünf Jahre erschöpft, sondern der auf Dauer gestellt ist – was der Delegierung von Macht keinen Abbruch tut. Dank der freien Zeit werden die Individuen die Gestaltung ihres gemeinsamen Lebens selbst in die Hand nehmen können, und diese wird nicht länger Berufspolitikern überlassen.

In etlichen seiner Jugendschriften, wie etwa auch in seinen kritischen Anmerkungen zu Friedrich List aus dem Jahr 1845, scheint Marx für eine Abschaffung der Arbeit zu plädieren:

> Es ist eines der größten Missverständnisse, von freier, menschlicher, gesellschaftlicher Arbeit, von Arbeit ohne Privateigentum zu sprechen. Die „*Arbeit*“ ist ihrem Wesen nach die unfreie, unmenschliche, ungesellschaftliche, vom Privateigentum bedingte und das Privateigentum schaffende Tätigkeit. Die Aufhebung des Privateigentums wird also erst zu einer Wirklichkeit, wenn sie als Aufhebung der „Arbeit“ gefasst wird, eine Aufhebung, die natürlich erst durch die Arbeit selbst möglich geworden ist, d. h. durch die materielle Tätigkeit der Gesellschaft möglich geworden … (Marx/Engels 1972, 25)

Man muss zugeben, dass der Sinn dieses Abschnitts nicht klar ist. Meint die „Arbeit“ in Anführungszeichen die Arbeit schlechthin oder die Arbeit in ihrer kapitalistischen Gestalt? Oder bedeutet im Gegensatz dazu die Aufhebung der Arbeit „die Aufhebung der materiellen Tätigkeit der Gesellschaft" selbst? Doch wie könnte denn eine Gesellschaft ohne „materielle Tätigkeit" Bestand haben?

In *Das Kapital* ist eine solche Art von Positionierung verschwunden. Das „Reich der Freiheit", die libertäre kommunistische Utopie von Marx, kann nur dadurch bestehen, dass es auf diesem Reich der Notwendigkeit aufruht. Es geht also nicht darum, „die Arbeit abzuschaffen", sondern sie zu reduzieren. Das Reich der Freiheit beginnt an dem Augenblick des Tages, an dem die notwendige Arbeit endet. Die Verkürzung des Arbeitstages ist also die grundlegende Bedingung der wahren menschlichen Freiheit, der freien Zeit, in der die Menschen all ihre Potenziale durch Tätigkeiten entfalten werden können, deren einziger Zweck die menschliche Selbstverwirklichung ist. Die Verringerung der der Arbeit gewidmeten Zeit scheint für Marx also die wesentliche materielle Voraussetzung für die Verwirklichung des letzten Zwecks des Kommunismus zu sein: die freie Verfügung über die Zeit für Tätigkeiten, die nicht länger Mittel – zur Befriedigung materieller Bedürfnisse –, sondern Zweck an sich sind.

Dieses Lob auf die freie Zeit bedeutet wohlgemerkt nicht, dass Marx die notwendige Arbeit verachtet, die er würdig und nicht entfremdet gestalten will. Überdies können gewisse Formen freier Tätigkeit als eine Art „Arbeit" betrachtet werden: Theorie treiben oder ein Kunstwerk schaffen. Wenn dies dem „Reich der Freiheit" zuzuordnen ist, dann deshalb, weil es von keinem äußeren Zwang bestimmt ist.

Es ist interessant, diese beiden Auffassungen von Freiheit bei Marx mit den beiden Freiheitskonzepten im bürgerlichen Liberalismus zu vergleichen. Dessen klassische Formulierung findet sich in einem Vortrag von Isaiah Berlin, einem brillanten, wenn auch sehr reaktionären britischen Philosophen mit russischen Wurzeln. Er geht von Gedanken Thomas Hobbes', John Lockes und John Stuart Smith' aus und unterscheidet zwei Freiheitsbegriffe: Die *negative* Freiheit ist die Abwesenheit von Fesseln oder Zwängen für das Individuum. Die *positive* Freiheit hingegen ist die Möglichkeit der Selbstverwirklichung, die Möglichkeit, eine ersehnte Handlung zu vollziehen. Zwischen diesen beiden Auffassungen und denen von Marx gibt es eine gewisse formale Analogie. Doch im Gegensatz zu Berlin folgt der Autor von *Das Kapital* einem *materialistischen* Ansatz: In seinem ersten Konzept von Freiheit berücksichtigt er nicht nur die politischen, von der Gesetzgebung diktierten und institutionellen Zwänge, sondern auch und vor allem die Zwänge, die von der materiellen Wirklichkeit des Kapitalismus auferlegt werden und im liberalen Diskurs unsichtbar sind. Und seine Vision der Freiheit als Selbstverwirklichung nimmt ihren Ausgangspunkt gleichermaßen bei der Emanzipation von den materiellen Zwängen, der „notwendigen Arbeit". Überdies ist die Vorgehensweise von Marx, wie wir bereits gesehen haben, *dialektisch*. Er stellt nicht in metaphysischer Weise zweierlei Wesen der Freiheit einander gegenüber. Er zeigt vielmehr, wie die erste Form von Freiheit – die demokratische Planung – zur Vorbedingung der zweiten, nämlich der freien Zeit, wird, und umgekehrt. Treffend bemerkt dazu Antoine Artous, dass die Definition einer emanzipatorischen Perspektive mittels einer Dialektik von Arbeitszeit und Freizeit „zur Voraussetzung hat, die Produktion von der Herrschaft der Arbeit zu emanzipieren, um sie auf rationelle Weise zu organisieren" (Artous 2003, 146).

Einer der interessantesten marxistischen Kommentare zur freien Zeit, dessen Geist den Schriften von Marx sehr nahesteht, findet sich bei Dionys Mascolo. Er war Widerstandskämpfer, aktiver Kommunist von 1946 bis 1949 und im antikolonialistischen Kampf engagiert. Zusammen mit Maurice Blanchot und dem Surrealisten Jean Schuster verfasste er das berühmte *Manifest der 121* (1960), das während des Algerienkrieges das Recht zum Widerstand beschwor. Als abtrünniger und parteiloser Kommunist schreibt er in seinem Buch *Le Communisme* (1953) über die freie Verfügung über die Zeit:

> Das einzige Ziel der kommunistischen Bewegung ist es, den Menschen Zeit zu schenken. Das heißt, ihnen Zeit zu geben oder ihnen Zeit zurückzuerstatten oder ihnen die Mittel an die Hand zu geben, *sich Zeit zu nehmen*, wie man mag. Und sonst nichts. Und ohne sich zuvor zu fragen und ohne sie zuvor darum zu bitten zu sagen, wozu sie sie nutzen werden. Es erübrigt sich, hier die Texte von Marx zu zitieren, die der revolutionären Arbeit genau diese Bedeutung beimessen. (Mascolo 1953, 504)

Und Dionys Mascolo erinnert an die Verkürzung des Arbeitstages, wie sie von Marx thematisiert wird, die in keiner kapitalistischen Gesellschaft jemals verwirklicht wurde, da die ergriffenen Maßnahmen nur „auf eine oberflächliche und nicht endgültige Verbesserung, auf eine Erleichterung abzielen, die dem Übel keine Abhilfe schafft".

Und schließlich sagt er, dass die Verkürzung des Arbeitstages „auch das erste zu erringende Ziel der Diktatur des Proletariats und die gewisseste Versicherung seiner revolutionären Echtheit ist, die es zu geben vermag. Wenn der Mensch eine Ware ist, wenn er wie eine Sache behandelt wird, wenn die allgemeinen Beziehungen der Menschen untereinander Beziehungen zwischen Sachen sind, dann deshalb, weil es möglich ist, dass er seine Zeit verkauft. Noch einmal: Es ist niemandem erlaubt, hier zu fragen, wozu der über seine Zeit verfügende Mensch sie benutzen können wird. Es ist nicht möglich, dass die frei genutzte Zeit des Menschen eine ‚schlecht genutzte' Zeit ist. *Der Verkauf der Zeit ist das einzige Übel.*" (Mascolo 1953, 504)

Man mag den einen oder anderen Aspekt dieser Argumentation infrage stellen, doch Mascolo ist einer der wenigen Marxisten, die begriffen haben, dass das letzte Ziel der kommunistischen Bewegung die freie Zeit ist. Es kommt nicht von ungefähr, dass er sich in einer Fußnote auf jenen Abschnitt aus dem dritten Band von *Das Kapital* bezieht, den wir hier besprochen haben.

In seinem monumentalen Werk *Das Prinzip Hoffnung* gibt Ernst Bloch die Beobachtung wieder: „Nicht ohne Folgen haben die Saturnalien aller Völker die Erinnerung an ein Goldenes Zeitalter, also an die Freiheit, Gleichheit, Brüderlichkeit der urkommunistischen Gentes zum Grund." (Bloch 1959, 1068)

Der von Marx der freien „Selbstbetätigung" des „vergesellschafteten Menschen" eingeräumte Vorzug stellt einen radikalen Bruch mit der bürgerlichen Religion der Arbeit dar, deren dunkelster und zynischster Ausdruck das über dem Eingangsportal des Vernichtungslagers Auschwitz prangende Motto „Arbeit macht frei" war. Diese kapitalistische Religion der Arbeit hat ihren Ursprung, wie Max Weber überzeugend dargelegt hat, in der protestantischen Ethik, die den Arbeitern erklärte, „dass treue Arbeit auch bei niederen Löhnen seitens dessen, dem das Leben sonst keine Chancen zugeteilt hat, etwas Gott höchst Wohlgefälliges sei" (Weber 2016, 480). Die Predigt von Theologen des 17. Jahrhunderts wie Richard Baxter, der die Arbeit als Pflicht Gott gegenüber propagierte, ist ein typisches Beispiel dafür, wie die Askese die Massen zur Arbeit – marxistisch gesprochen zur Produktion des „Mehrwerts" – erzog und auf diese Weise ganz einfach deren Inwertsetzung innerhalb des kapitalistischen Arbeitsverhältnisses ermöglichte. Die freie Zeit, die Zeit ohne Arbeit, wurde als „Zeitvergeudung" definiert und als die „erste und prinzipiell schwerste aller Sünden“ angeprangert (Weber 2016, 417–418).

Weber bemerkt nun, dass die Arbeiter dieser Druckausübung vonseiten der Bourgeoisie selbst dann „unendlich zähen Widerstand“ entgegensetzten, wenn sie mit monetären Versprechen einherging (in gewisser Weise „mehr arbeiten, um mehr zu verdienen“, lange bevor sich diese Formulierung als Leitmotiv durchsetzte), denn „der Mehrverdienst reizte ihn [den Arbeiter] weniger als die Minderarbeit“ (Weber 2016, 177). Getreu der vorkapitalistischen Arbeitsmoral wollte er „nicht Geld und mehr Geld verdienen, sondern einfach leben, so leben, wie er zu leben gewohnt ist, und so viel erwerben, wie dazu erforderlich ist“ (Weber 2016, 177).

Doch im Lauf der Zeit wurde die bürgerliche Ideologie so stark, dass sie einen Teil der Arbeiterbewegung und der sozialistischen Bewegung, angefangen bei der Sozialdemokratie, aber auch in anderer Weise den Stalinismus, infizierte. Man denke nur etwa an den „Stachanowismus“ oder an die Lager für „Umerziehung durch Arbeit“, die den sogenannten Gulag bildeten. Walter Benjamin war einer der ersten Marxisten, der diese Infizierung in ihrer sozialdemokratischen Gestalt kritisierte. In seiner elften These „über den Begriff der Geschichte“ schreibt er:

> Es gibt nichts, was die deutsche Arbeiterschaft in dem Grade korrumpiert hat wie die Meinung, sie schwimme mit dem Strom. Die technische Entwicklung galt ihr als das Gefälle des Stromes, mit dem sie zu schwimmen meinte. Von da war es nur ein Schritt zu der Illusion, die Fabrikarbeit, die im Zuge des technischen Fortschritts gelegen sei, stelle eine politische Leistung dar. Die alte protestantische Werkmoral feierte in säkularisierter Gestalt bei den deutschen Arbeitern ihre Auferstehung. Das Gothaer Programm[2] trägt bereits Spuren dieser Verwirrung an sich. Es definiert die Arbeit als „die Quelle allen Reichtums und aller Kultur“. Böses ahnend, entgegnete Marx darauf, dass der Mensch kein anderes Eigentum besitze als seine Arbeitskraft, „der

2 Anspielung auf das Programm für die Sozialgesetzgebung als Ziel des künftigen politischen Handelns, wie es von der in Gotha abgehaltenen Versammlung im Jahr 1875 angenommen wurde, aus der die deutsche sozialdemokratische Partei hervorging. Sie war das Ergebnis eines Kompromisses zwischen den Anhängern von Marx und denen von Ferdinand Lassalle.

> Sklave der andern Menschen sein muss, die sich zu Eigentümern … gemacht haben.“ Unbeschadet dessen greift die Konfusion weiter um sich, und bald darauf verkündet Josef Dietzgen[3]: „Arbeit heißt der Heiland der neuen Zeit … In der … Verbesserung … der Arbeit … besteht der Reichtum, der jetzt vollbringen kann, was bisher kein Erlöser vollbracht hat.“ Dieser vulgärmarxistische Begriff von dem, was die Arbeit ist, hält sich bei der Frage nicht lange auf, wie ihr Produkt den Arbeitern selber anschlägt, solange sie nicht darüber verfügen können. Er will nur die Fortschritte der Naturbeherrschung, nicht die Rückschritte der Gesellschaft wahrhaben. Er weist schon die technokratischen Züge auf, die später im Faschismus begegnen werden. Zu diesen gehört ein Begriff der Natur, der sich auf unheilverkündende Art von dem in den sozialistischen Utopien des Vormärz abhebt. Die Arbeit, wie sie nunmehr verstanden wird, läuft auf die Ausbeutung der Natur hinaus, welche man mit naiver Genugtuung der Ausbeutung des Proletariats gegenüberstellt. (Benjamin 1974, 698–699)

Walter Benjamin beruft sich also auf Marx – aber auch auf die sozialistischen Utopisten des 19. Jahrhunderts, insbesondere auf Charles Fourier –, um die Ideologie des linearen „Fortschritts“ von sich zu weisen, jenen bequemen Strom also, in dem die deutsche Sozialdemokratie zu schwimmen glaubte, und um dem bürgerlichen technokratischen Kult der Arbeit entgegenzutreten, der nichts anderes ist als eine säkularisierte Variante der protestantischen Ethik. In seiner Kritik am „Vulgärmarxismus“ Dietzgens und anderer sozialdemokratischer Theoretiker stellt er auch die Lehre von der Arbeit als „Ausbeutung der Natur“ infrage. Diese Kritik deckt sich vollkommen mit einem der Argumente, das Karl Marx in *Das Kapital* entfaltet.

Weit davon entfernt, in „naiver Genugtuung“ die Ausbeutung des Proletariats der Ausbeutung der Natur entgegenzusetzen, zeigt Marx im Hinblick auf die Landwirtschaft die innere Zusammengehörigkeit dieser beiden Formen der Ausbeutung auf:

3 Joseph Dietzgen (1828–1888) war ein deutscher Arbeiter, der zunächst in die USA und dann nach Russland emigrierte. Er war ursprünglich Gerber, bevor er Bücher und Artikel verfasste. Er verkehrte vor 1848 in deutschen revolutionären Kreisen. Am Ende seines Lebens verbündete er sich mit Karl Marx. Er wurde zu einem einflussreichen Vordenker der deutschen Sozialdemokratie.

> Und jeder Fortschritt der kapitalistischen Agrikultur ist nicht nur ein Fortschritt in der Kunst, den Arbeiter, sondern zugleich in der Kunst, den Boden zu berauben, jeder Fortschritt in Steigerung seiner Fruchtbarkeit für eine gegebne Zeitfrist zugleich ein Fortschritt im Ruin der dauernden Quellen dieser Fruchtbarkeit. Je mehr ein Land, wie die Vereinigten Staaten von Nordamerika z. B., von der großen Industrie als dem Hintergrund seiner Entwicklung ausgeht, desto rascher dieser Zerstörungsprozess. Die kapitalistische Produktion entwickelt daher nur die Technik und Kombination des gesellschaftlichen Produktionsprozesses, indem sie zugleich die Springquellen alles Reichtums untergräbt: die Erde und den Arbeiter. (MEW 23, 529– 530)

In diesem Text sind mehrere Aspekte bemerkenswert: zu allererst der Gedanke, dass der Fortschritt destruktiv, zerstörerisch, sein kann, dass es sich um einen Fortschritt der Schädigung und Verschlechterung der natürlichen Umwelt handeln kann. Die Ausbeutung und Herabwürdigung der Arbeiter und der Natur werden hier als Ergebnisse derselben räuberischen Logik, nämlich der der kapitalistischen Großindustrie und Landwirtschaft, nebeneinander gestellt.

Es ist sehr interessant festzustellen, dass dieses Thema auch an anderer Stelle im ersten Band von *Das Kapital* in direktem Zusammenhang mit dem Arbeitstag zur Sprache kommt:

> Von einer täglich bedrohlicher anschwellenden Arbeiterbewegung abgesehn, war die Beschränkung der Fabrikarbeit diktiert durch dieselbe Notwendigkeit, welche den Guano auf die englischen Felder ausgoss. Dieselbe blinde Raubgier, die in dem einen Fall die Erde erschöpft, hatte in dem andren die Lebenskraft der Nation an der Wurzel ergriffen. […] Aber in seinem maßlos blinden Trieb, in seinem Werwolfs-Heißhunger nach Mehrarbeit, überrennt das Kapital nicht nur die moralischen, sondern auch die rein physischen Maximalschranken des Arbeitstags. […] Es erreicht dies Ziel durch Verkürzung der Dauer der Arbeitskraft, wie ein habgieriger Landwirt gesteigerten Bodenertrag durch Beraubung der Bodenfruchtbarkeit erreicht. (MEW 23, 253. 280. 281)

Die Herstellung dieses direkten Zusammenhangs von Ausbeutung des Proletariats und Ausplünderung der Erde eschließt das Feld einer Reflexion über die Verbindung von Klassenkampf – insbesondere dem Kampf um die Verkürzung des Arbeitstages – und Kampf zur Verteidigung der Umwelt, die sich gemeinsam gegen die Herrschaft des Kapitals richten.

Die bürgerliche Ideologie hinsichtlich der Arbeit nimmt heute zwei einander ergänzende Formen an: 1) den des reaktionären Diskurses, der sich in dem Slogan ausdrückt: „mehr arbeiten, um mehr zu verdienen". Dies ist eine wahre soziale und politische Mogelpackung, deren einziger Zweck darin besteht, die Ausbeutung der und durch die Arbeit zu intensivieren; 2) den des abergläubischen Kultes des „Beschäftigung schaffenden Wachstums" – ein Irrglaube, der sowohl von der neoliberalen Rechten als auch von der sozialliberalen „Linken" geteilt wird, und nicht zu vergessen auch von weiten Teilen der Gewerkschaftsbürokratie. Nun ist aber zunächst unbegrenztes Wachstum aufgrund der Grenzen des Planeten, dessen Kapazitäten vom kapitalistischen Produktivismus bereits weitgehend aufgezehrt sind, ökologisch nicht möglich. Überdies würden allein eine rationale Neuorganisation der Ökonomie und eine Intensivierung biologischer Landwirtschaft und Lebensmittelerzeugung anstelle der „unendlichen" Expansion der Produktion und des Konsums unnützer, schädlicher oder die Ökologie zerstörender Produkte die Befriedigung gesellschaftlicher Bedürfnisse wie Bildung, Gesundheit, Transport und Kultur voranbringen. In der künftigen ökokommunistischen Gesellschaft werden die Imker die Insektizidfabriken ersetzen, Schulen werden Werbeagenturen verdrängen und Solarmodule Kohlekraftwerke ersetzen. Ihr Motto wird lauten: „Weniger arbeiten, um mehr zu leben."

Heißt das, dass Marx das Vorgehen seines nicht besonders geliebten Schwiegersohns (des Ehemanns seiner Tochter Laura) und Schülers Paul Lafargue, des Autors der berühmten Streitschrift *Das Recht auf Faulheit*, teilt? Beide Männer verbindet die gemeinsame Ablehnung der bürgerlichen Religion der Arbeit, auch wenn Lafargue mehr als Marx die Verantwortung der Arbeiter in ihrem Elend betont:

> Eine seltsame Sucht beherrscht die Arbeiterklasse aller Länder, in denen die kapitalistische Zivilisation herrscht […]. Es ist dies die Liebe zur Arbeit, die rasende, bis zur Erschöpfung der Individuen und ihrer

> Nachkommenschaft gehende *Arbeitssucht*. […] Arbeitet, arbeitet, Proletarier, vermehrt den Nationalreichtum und damit euer persönliches Elend. […] Das ist das unerbittliche Gesetz der kapitalistischen Produktion. (Lafargue 1966, 25. 28)

Der Vorschlag Lafargues, den Arbeitstag auf drei Stunden zu begrenzen, ist nicht so weit von Marx' Überlegungen entfernt. Andererseits ist es nicht sehr wahrscheinlich, dass dieser wie sein Schwiegersohn gemeint habe, der Zweck der freien Zeit müsse es sein, den Rest des Tages und der Nacht mit Nichtstun und Schlemmerei zuzubringen. Gewiss deutet nichts darauf hin, dass der Autor von *Das Kapital* die Faulheit, den Müßiggang und das Nichtstun als Todsünden oder als ein moralisches Defizit betrachtet hätte. Er hatte einfach eine aktivere, eher schöpferische und einfallsreichere Auffassung vom „Reich der Freiheit“.

Es gibt eine tiefe Verbindung zwischen dieser Problematik des Reichs der Freiheit, wie sie Marx in den *Ökonomisch-philosophischen Manuskripten* von 1844 skizziert hat, zum Gegensatz von *Sein* – der Entfaltung der menschlichen Potenziale, der „Selbsttätigkeit“[4] – und dem *Haben*, der Anhäufung von Besitztümern, der zwanghaften Aneignung von Geld und Gütern. Der Kommunismus als Reich der Freiheit hat seine Grundlage im Vorrang des Seins vor dem Haben und stellt damit die vom Kapitalismus aufgezwungene Logik der Entfremdung vom Kopf auf die Füße, derzufolge gilt: „Je weniger du bist, je weniger du dein Leben zum Ausdruck bringst, umso mehr besitzt du, umso mehr nimmt dein *entfremdetes* Leben zu.“ Die bürgerliche politische Ökonomie treibt diese perverse kapitalistische Logik bis zur letzten Konsequenz auf die Spitze:

> Die Selbstentsagung, die Entsagung des Lebens und aller menschlichen Bedürfnisse, ist ihr Hauptlehrsatz. Je weniger du isst, trinkst, Bücher kaufst, in das Theater, auf den Ball, zum Wirtshaus gehst, denkst, liebst, theoretisierst, singst, malst, fichtst etc., umso [mehr] *sparst* du,

4 Der Ausdruck „Selbsttätigkeit“, der die Autonomie bezeichnet, welche den Menschen eigen sein muss, also das autonome menschliche Handeln, taucht bereits im *Manifest der kommunistischen Partei* auf.

> umso größer wird dein Schatz […], dein *Kapital.* […] Alles, was dir der Nationalökonom an Leben nimmt und an Menschheit, das alles ersetzt er dir in *Geld* und *Reichtum* … (MEW 40, 549)

Die Argumentation ist etwas anders als in *Das Kapital.* Im Jahr 1844 beinhaltet für Marx das, was das *Sein* – das heißt das Leben und die Menschlichkeit der Menschen – ausmacht, drei wesentliche Elemente: 1) die Befriedigung der Grundbedürfnisse (trinken, essen …); 2) die Befriedigung der kulturellen Bedürfnisse (ins Theater oder Cabaret gehen, Bücher kaufen …) Man muss hier festhalten, dass es sich bei diesen beiden Kategorien um Handlungen des lebendigen Konsums und nicht um die Anhäufung von Gütern (höchstens im Fall der Bücher!) und noch weniger um die Akkumulation von Geld geht. Die Einbeziehung kultureller Bedürfnisse ist bereits ein unausgesprochener Protest gegen den Kapitalismus, der den Konsum des Arbeiters lediglich auf das beschränken will, was sein elementares Überleben sichert: trinken und essen. Für Marx hat der Arbeiter wie jeder andere Mensch auch das Bedürfnis, ins Theater oder Cabaret zu gehen, Bücher zu lesen, sich zu bilden, sich zu amüsieren; 3) die menschliche „Selbsttätigkeit": denken, lieben, sich der Theorie widmen, singen, sprechen, fechten, etc. Diese Aufzählung besticht durch ihre Vielfalt, durch ihre Ernsthaftigkeit und Verspieltheit zugleich und durch die Tatsache, dass sie das Grundlegende – denken, lieben, sprechen – und den „Luxus" – singen, Theorie treiben, fechten – gleichermaßen berücksichtigt. All diese Beispiele haben eines gemein: den *aktiven* Charakter: Das Individuum ist hier nicht mehr Konsument, sondern *handelndes Subjekt.* Man könnte natürlich viele andere Beispiele menschlicher Tätigkeit – individueller oder gemeinschaftlicher Art, künstlerische oder sportliche, erotische oder kulturelle – hinzufügen. Doch die von Marx gewählten Beispiele öffnen das Fenster weit auf das „Reich der Freiheit" hin. Die Unterscheidung dieser drei Aspekte ist gewiss nicht zu verabsolutieren. Auch essen und Bücher lesen sind Aktivitäten. Es handelt sich um drei Ausdrucksgestalten des Lebens – des *Seins* – im Gegensatz zu dem innersten Wesen der bürgerlichen Gesellschaft: dem *Haben*, dem Eigentum, der Akkumulation und insbesondere der monetären Akkumulation, der am meisten entfremdeten und verdinglichten Weise des Habens. Was Marx dieser Erörterung aus dem Jahr 1844 später im dritten Band von *Das Kapital* hinzufügt, ist die Tatsache, dass die menschliche Selbsttätigkeit – das dritte Moment, von dem in den *Ökonomisch-philosophischen Manuskripten* die Rede ist – der *freien Zeit,* der durch die Verkürzung der

Stunden der „notwendigen Arbeit“ gewonnenen Zeit bedarf, um sich entfalten zu können. Diese Arbeitszeitverkürzung ist also der Schlüssel, der das Tor zum „Reich der Freiheit“ öffnet, welches zugleich das „Reich des Seins“ ist.

Wichtige Überlegungen, die direkt von den *Ökonomisch-philosophischen Manuskripten* des Jahres 1844 inspiriert sind, findet man in den freudianisch-marxistischen Schriften des Philosophen und Psychoanalytikers Erich Fromm. Der antifaschistische deutsche Jude emigrierte in die Vereinigten Staaten und veröffentlichte im Jahr 1976 sein Buch *Haben oder Sein. Die seelischen Grundlagen einer neuen Gesellschaft*. Darin stellt er zwei Weisen des gesellschaftlichen Lebens einander gegenüber: die Seinsweise des Habens und den Modus des Seins. Innerhalb der Ersteren macht mein Eigentum meine Identität aus: Sowohl das Subjekt als auch das Objekt ist verdinglicht. Man empfindet sich selbst als Ware, und das „Das“ hat vom „Ich“ Besitz ergriffen. Fromm betont nun mit Nachdruck, dass die Begierde im Gegensatz zum Hunger keine Sättigung kennt. Das Stillen der Begierde erfüllt die innere Leere nicht (vgl. Fromm 1976, vor allem 73–88).

Was ist nun der Seinsmodus? Fromm zitiert mehrmals aus den *Ökonomisch-philosophischen Manuskripten* von 1844, um ihn zu erläutern (vgl. Fromm 1976, 86 f., 97, 153). Bei Marx heißt es im Schlussabschnitt seines Textes:

> Setze den Menschen als Menschen und sein Verhältnis zur Welt als ein menschliches voraus, so kannst du Liebe nur gegen Liebe austauschen, Vertrauen nur gegen Vertrauen etc. (MEW 40, 567)

Der Seinsmodus, so Fromm, ist ein aktiver Modus, durch den der Mensch seine Fähigkeiten, seine Talente, den Reichtum seiner Gaben zum Ausdruck bringt. Aktiv sein heißt hier „sich selbst zu erneuern, zu wachsen, sich zu verströmen, zu lieben, das Gefängnis des eigenen isolierten Ichs zu transzendieren, sich zu interessieren, zu geben“ (Fromm 1976, 90). Der Seinsmodus ist der *Sozialismus*, nicht in seiner sozialdemokratischen oder sowjetischen (stalinistischen) Spielart, wo er auf eine Sehnsucht nach größtmöglichem Konsum reduziert wurde, sondern im Sinne von Marx als menschliche „Selbsttätigkeit“. Er ist mit einem Wort – so schlussfolgert Fromm und zitiert hierbei nochmals aus dem dritten Band von *Das Kapital* – das Reich der Freiheit, dessen Ziel die „menschliche Kraftentwicklung […] als Selbstzweck“ ist (Fromm 1976, 152).

In seinem berühmten *Handbuch der Lebenskunst für die jungen Generationen*, das den Geist des Mai 1968 mitgeprägt hat, schrieb der Situationist Raoul Vaneigem folgenden provozierenden Satz, der nicht von der Hand zu weisen ist:

> Diejenigen, die von Revolution und Klassenkampf sprechen, ohne sich ausdrücklich auf das alltägliche Leben zu beziehen, ohne zu begreifen, wie subversiv die Liebe, wie positiv die Ablehnung jedes Zwanges sein kann, haben einen Kadaver im Mund. (Vaneigem 2008, 28)

Marx' Argumentation ist genau deshalb von Bedeutung, weil er hier von der Revolution und vom Kommunismus im Sinne einer tiefgreifenden Veränderung des täglichen Lebens spricht, von dem ein immer größerer Teil von Zwängen befreit und Formen der „Selbsttätigkeit" gewidmet sein wird, unter denen die Liebe, die Erotik, die Sinnesfreuden einen wesentlichen Platz einnehmen.

Die Errichtung dieses kommunistischen Reiches der Freiheit bedeutet keineswegs – schon gar nicht während der Übergangsperiode –, dass es keine Konflikte gäbe: Konflikte zwischen den Erfordernissen des Umweltschutzes und den gesellschaftlichen Bedürfnissen, zwischen den ökologischen Verpflichtungen und der Notwendigkeit, die grundlegende Infrastruktur (insbesondere in den armen Ländern) zu entwickeln, zwischen den Konsumgewohnheiten der Bevölkerung und dem Mangel an Ressourcen. Eine Gesellschaft ohne soziale Klassen ist keine Gesellschaft ohne Widersprüche oder Konflikte. Letztere sind unvermeidlich. Es wird die Aufgabe einer demokratischen Planung in ökosozialistischer Perspektive, befreit von den Zwängen des Kapitals und des Profits, sein, sie mittels offener und pluralistischer Diskussionen zu lösen, die dazu führen, dass die Gesellschaft selbst die Entscheidungen trifft. Eine solche gemeinschaftliche und partizipative Demokratie ist das einzige Mittel, um Irrtümer zwar nicht auszuschließen, aber sie kollektiv durch die Gesellschaft selbst zu korrigieren.

Ist das eine Utopie? Dem Wortsinne nach („etwas, das nirgends existiert") sicherlich. Doch sind die Utopien, das heißt die Visionen einer anderen Welt, die Bilder von einer anderen Gesellschaft, nicht ein notwendiges Merkmal einer jeden Bewegung, die die herrschende Ordnung herausfordert?

Den Kampf um die Verkürzung des Arbeitstages gibt es bereits seit den Anfängen des modernen Industriekapitalismus selbst. Die freie Zeit, die der Arbeiter durch seinen Kampf herausschlägt, ist einerseits eine konkrete, unmittelbare soziale Errungenschaft und zugleich eine Vorwegnahme der emanzipierten Zukunft. Er birgt eine libertäre Dynamik in sich, die mehr und mehr in Widerspruch zur Logik des kapitalistischen Systems selbst gerät. Er ist Bestandteil dessen, was Leo Trotzki „Übergangsforderungen“ genannt hat, das heißt er ist eine der Forderungen, die die gesamte Arbeiterklasse in einem Kampf um unmittelbare Verbesserungen vereinen können, die aber, wenn sie ausgeweitet werden, dazu tendieren, die Fundamente der bürgerlichen Ordnung selbst infrage zu stellen. Jede Stunde Lebenszeit, die der Arbeiter dem Kapital abtrotzt, ist ein Fortschritt der menschlichen Freiheit, ein Sieg gegen die Diktatur des Kapitals, eine Bresche in den Mauern des Fabrikgefängnisses, ein Sandkorn im Räderwerk der Lohnsklaverei. Sie ist zugleich die hauptsächliche, wirkungsvollste, konkreteste Art und Weise des Kampfes gegen die Arbeitslosigkeit: Wenn diejenigen, die eine Beschäftigung haben, für den gleichen Lohn weniger arbeiten, dann wird es Arbeit für alle geben. Wir werden später noch darauf zurückkommen.

Anders gesagt: Der Kampf um die Verkürzung des Arbeitstags ist Bestandteil dessen, was Ernst Bloch den „aufrechten Gang der Menschheit“ genannt hat. Er ist ein erster Schritt auf dem langen Weg voller Hindernisse, Rückschläge und Etappensiege hin zum „Reich der Freiheit“. Gewiss: Die freie Zeit innerhalb der Grenzen des Kapitalismus ist eine oftmals von den Marktmächten manipulierte, eine kontrollierte, domestizierte, entfremdete und korrumpierte Zeit. Vom kapitalistischen Standpunkt aus haben die „Freizeitaktivitäten“ – oder die „Freizeitpassivitäten“, wie Erich Fromm sie nennt – nur eine einzige Funktion: den Konsum, den Kauf eines größtmöglichen Quantums von Waren, das andauernde *shopping*. Die Einkaufszentren, die *shopping malls*, diese traurigen Kathedralen der Religion des Konsumismus, sind der am deutlichsten sichtbare materielle Ausdruck eines neurotischen Kaufzwangs. Doch die Geschichte der Arbeiterbewegung macht deutlich, dass die freie Zeit mindestens ebenso das Potenzial der Selbstbehauptung des Arbeiters im Alltagsleben, in der Liebe, in der Selbstorganisation, im Kampf, in sich birgt. Es verwundert deshalb nicht, dass der Kampf um die Verkürzung der Arbeitszeit ein so wichtiges Kapitel der modernen Klassenkämpfe ausmacht – und ebenso ein zentrales Kapitel im ersten Band von Marx’ *Das Kapital*.

II. Marx und der Kampf um die Verkürzung des Arbeitstages

Das Kapital, Band I, achtes Kapitel: Der Arbeitstag

Vor mehr als 150 Jahren, um genau zu sein im Jahr 1867, erschien der erste Band von Karl Marx' *Das Kapital.* Dieses Werk hat eine entscheidende Rolle für die Herausbildung der Kultur der modernen Arbeiterbewegung gespielt. Doch es war zugleich andauernd reduktionistischen und dogmatischen Lesarten ausgeliefert, die Wort und Geist des Buches zuwiderliefen. Lassen wir in geraffter Form einige dieser Deutungen Revue passieren, die ihre Methoden allem Anschein nach dem Indio-Volk der Jivaro entlehnt haben, die als Kopfjäger die berühmten Schrumpfköpfe herstellten.

1) Für die meisten „orthodoxen Marxisten" der Zweiten Internationale wie Georgi Plechanow (1856–1918) und Karl Kautsky (1854–1938), um nur die zwei bekanntesten Beispiele zu nennen, ist die in *Das Kapital* beschriebene Geschichte des Kapitalismus ein allgemeingültiges Modell, das sich mehr oder weniger in allen Ländern der Welt, angefangen von Russland, wiederholen muss. Im November 1877 hatte Marx nun aber in einem Brief an die russische Zeitschrift *Otetschestwennyje Sapiski* („Annalen des Vaterlands") genau das Gegenteil behauptet. In eben diesem Brief hatte Marx auf die Kritik des russischen Populisten Michailowski auf *Das Kapital* geantwortet. In diesem bedeutsamen Schriftstück hatte Marx sich gegen den Versuch zur Wehr gesetzt, seine „Skizze von der Entstehung des Kapitalismus in Westeuropa" in eine „geschichtsphilosophische Theorie des allgemeinen Entwicklungsganges [zu] verwandeln, der allen Völkern schicksalmäßig vorgeschrieben ist, was immer die geschichtlichen Umstände sein mögen, in denen sie sich befinden ..." (MEW 19, 111)

Diese Warnung wurde von seinen „orthodoxen" Schülern, die sich im Namen von vorgeblich in *Das Kapital* in Stein gemeißelten „Gesetzen der Geschichte" gegen die Oktoberrevolution wandten, vergessen oder ignoriert. Das ging sogar so weit, dass der junge Antonio Gramsci, zu diesem Zeitpunkt bereits Sympathisant der Bolschewiki, zu Unrecht meinen konnte, die Revolution vom Oktober 1917 sei eine Revolution gegen Marx' Werk *Das Kapital*. In einem Artikel der italienischen sozialistischen Zeitschrift *Avanti* vom Januar 1918, dessen Titel (*Die Revolution gegen Das Kapital*) eben genau dies zum Ausdruck brachte, schreibt der spätere Gründer der Kommunistischen Partei Italiens:

> Die Revolution der Bolschewiki [...] war die Revolution gegen das „Kapital" von Karl Marx. Das „Kapital" von Karl Marx war in Russland mehr ein Buch der Bürgerlichen als der Proletarier. Es war der kritische Beweis für die fatale Notwendigkeit, dass sich in Russland eine Bourgeoisie bildet, dass eine kapitalistische Ära beginnt, dass sich eine Zivilisation westlichen Typs durchsetzt, bevor das Proletariat überhaupt erst an seinen Aufstand, an seine Forderungen als Klasse, an seine Revolution denken kann.
>
> Die Tatsachen haben die Ideologie überholt. Die Tatsachen haben die kritischen Schemata ad absurdum geführt, denen zufolge die Geschichte Russlands sich nach den Grundprinzipien des historischen Materialismus hätte entwickeln müssen. Die Bolschewiki ignorieren Karl Marx; sie bestätigen mit der vollendeten Aktion, mit den realisierten Errungenschaften als Beweis, dass die Grundprinzipien des historischen Materialismus nicht so eisern sind, wie man hätte annehmen können und wie man annahm.
>
> Dennoch [...] leben [die Bolschewiki] gemäß dem marxistischen Denken, das niemals stirbt [...]. Und dieses Denken stellt stets als den wichtigsten Faktor nicht die ökonomischen Tatsachen, nicht die Elementargewalten an die erste Stelle, sondern den Menschen, die menschliche Gesellschaft, die Menschen, die sich zusammenfinden, sich untereinander verständigen, die vermittels dieser Kontakte (Zivilisation) ein kollektives soziales Wollen hervorbringen, die die ökonomischen Tatbestände begreifen, bewerten und diese mit ihrem Wollen in Übereinstimmung bringen, bis dieses [Wollen] zur Triebkraft der Ökonomie, zum Modell der objektiven Realität wird, die lebt, sich entwickelt und den Charakter einer brodelnden irdischen Materie annimmt, die dorthin gelenkt werden kann, wo es dem Wollen und wie es dem Wollen entspricht. (Gramsci 1991, 31–32)

Der Voluntarismus des jungen Gramsci war übertrieben, und der von ihm konstruierte Gegensatz zwischen dem Handeln der Bolschewiki und *Das Kapital* oder zwischen den „Grundprinzipien des historischen Materialismus" und dem Marx'schen Denken war durchaus umstritten. Dennoch hatte er etwas Wesentliches erfasst: Für Marx wird die Geschichte von den Menschen gemacht und nicht von den Gesetzen der Ökonomie …

Marx interessiert sich sehr wohl für die Gesetze der kapitalistischen Ökonomie, und im Vorwort zur ersten Ausgabe von *Das Kapital* (1867) bestimmt er das Ziel seines Werkes folgendermaßen: „Was ich in diesem Werk zu erforschen habe, ist die kapitalistische Produktionsweise und die ihr entsprechenden Produktions- und Verkehrsverhältnisse." (MEW 23, 12) Doch die Herausbildung dieser „Produktionsverhältnisse" ist in seinen Augen nicht zu trennen vom Prozess des *Klassenkampfes*. Es ist eine engstirnige und reduktionistische Einstellung, wenn man die drei Bände von *Das Kapital* auf kluge Berechnungen zum tendenziellen Fall der Profitrate eindampfen will und dabei den gesellschaftlichen Konflikt sowie den historischen Prozess vernachlässigt, wie dies so viele marxistische Ökonomen bis heute noch tun.

2) Mit dieser ökonomistischen Lesart häufig verbunden ist die Interpretation von *Das Kapital* in der Weise, als ob es sich um ein rein „wissenschaftliches" Werk im Sinne des positivistischen Modells der Naturwissenschaften handle und somit frei von moralischen Urteilen oder „ideologischen" Parteinahmen sei.[5] Diese Auffassung, die ihren Anfang ebenfalls zur Zeit der *Zweiten Internationale* nahm, hat sich in unterschiedlicher Gestalt das ganze 20. Jahrhundert hin erhalten. Eine der einflussreichsten Ausdrucksgestalten dessen war der theoretische Antihumanismus eines Louis Althusser (1918–1990), der aus seiner Bewunderung für die französischen Positivisten, an erster Stelle für Auguste Comte (1798–1857) oder Émile Durkheim (1858–1917), keinen Hehl machte. In *Das Kapital lesen* macht er aus Marx „einen Mann der Wissenschaft wie die andern", den man zum Beispiel mit Lavoisier, dem Begründer der neuen Chemie, vergleichen könne … (vgl. Althusser 1974, vor allem 17–41; Althusser et. al.2015, vor allem 19–103)

5 Man muss allerdings zugeben, dass einige Formulierungen des Vorworts zur ersten Ausgabe (1867) des ersten Bandes über die „Naturgesetze der kapitalistischen Produktion" dieser Art von Deutung eine offene Flanke bieten. Dies gilt jedoch keineswegs mehr für das Nachwort zur zweiten Auflage (1873), das zutiefst von der *revolutionären Dialektik* geprägt ist.

Unter denen, die eine humanistische Lektüre von *Das Kapital* nicht von sich weisen, findet sich ein gewisser Ernesto Che Guevara. Der junge argentinisch-kubanische Revolutionär bemerkt zu diesem Werk: „Das Gewicht dieses Monuments der menschlichen Intelligenz ist derart, dass es uns oft den menschlichen Charakter (im besten Sinn des Wortes) seiner Arbeiten hat vergessen lassen." (Guevara 1976, 42)

Marx selbst betont sehr wohl den „wissenschaftlichen" Charakter von *Das Kapital,* doch er versteht dies im Sinne des deutschen, dialektischen Begriffs von Wissenschaft, wie Daniel Bensaïd sehr gut gezeigt hat. Er macht ebenso seinen gesellschaftlich engagierten Standpunkt klar und schreibt in diesem Sinne im Nachwort zur zweiten Auflage (1873):

> Soweit solche Kritik [der bürgerlichen Ökonomie] überhaupt eine Klasse vertritt, kann sie nur die Klasse vertreten, deren geschichtlicher Beruf die Umwälzung der kapitalistischen Produktionsweise und die schließliche Abschaffung der Klassen ist – das Proletariat. (MEW 23, 22)

Der Klassenstandpunkt wird also von Marx mit Nachdruck zur Geltung gebracht, und man kann in der Tat nicht begreifen, was ihn von den bürgerlichen politischen Ökonomen unterscheidet, wenn man von diesem Setzen auf das Proletariat und dessen revolutionäre Sendung absieht.

Dieser Standpunkt durchzieht den gesamten Band I, doch in besonderer Weise kommt er im achten Kapitel zum Ausdruck, in jenem Abschnitt, der dem Arbeitstag gewidmet ist. Es ist auch jenes Kapitel, in dem der Klassenkampf direkt und deutlich im Vordergrund steht und in dem die Gefühle und die „ethischen" Urteile des Autors sehr ausdrücklich jede einzelne Seite bestimmen. Man kann dieses „historische" Kapitel natürlich nicht ohne die in den vorangehenden Kapiteln herausgearbeiteten Grundbegriffe verstehen wie Arbeit, Arbeitskraft, Mehrwert, etc. Es verhält sich gerade umgekehrt: In einem dialektischen Fortschreiten erlangen die „abstrakten" Begriffe erst ihre volle Bedeutung in ihrem Verhältnis zum Prozess des Klassenkampfes.

Wenn man dieses Kapitel liest, wird einem schnell klar, dass Marx nichts „Wertneutrales" (Wertneutralität ist der Ausdruck, mit dem Max Weber eine „objektive" Wissenschaft ohne Werturteil kennzeichnet) an sich hat: Der Klassenstandpunkt, die ethisch-politischen Werte des Autors, sind allgegenwärtig und untrennbar mit der wissenschaftlichen Argumentation verflochten. Der Schriftsteller Lucien Goldmann (1913–1970) meint, Marx bediene sich einer *dialektischen* Methode, innerhalb derer Verstehen, Darstellung und Beurteilung *in einem strikten Sinne untrennbar* voneinander sind (Goldmann 1966). In der Tat ist das achte Kapitel des ersten Bandes von *Das Kapital* ein großartiges Beispiel für das, was man die „kognitive Kraft der Empörung" nennen könnte. Ohne sie hätten seine Beschreibung und Analyse des Konflikts zwischen Kapital und Arbeit im Hinblick auf die Dauer des Arbeitstages nicht dieselbe intellektuelle Überzeugungskraft, dieselbe Fähigkeit der Durchdringung, dieselbe Schärfe. Die Fähigkeit zur Empörung ist bei Marx ein konstitutiver Bestandteil des Prozesses der Erkenntnisproduktion in *Das Kapital* im Allgemeinen und ganz besonders in besagtem achten Kapitel des ersten Bandes.

Man sollte festhalten, dass die für Marx so wichtige Frage des Arbeitstages in den unzähligen Abhandlungen und Handbüchern einer liberalen Wirtschaftspolitik seit den großen Klassikern des 19. Jahrhunderts bis zu deren mittelmäßigen neoklassischen Jüngern heute praktisch nicht vorkommt. Darauf weist David Harvey in seinem Einführungskurs zu *Das Kapital* hin (Harvey 2011, 160).

Diese ohne Zweifel für die Mehrheit der arbeitenden Bevölkerung so entscheidende Frage ist ganz einfach „unsichtbar", sie hat in den Kategorien der offiziellen, bürgerlichen Ökonomie keinen Platz.

Man kann Marx' Kommunismus, sein „Reich der Freiheit", nicht verstehen, ohne dessen negative Kehrseite, das „Reich der Nicht-Freiheit", zu kennen: die kapitalistische Fabrik, an deren Eingang Marx zufolge die berühmte Warnung geschrieben stehen könnte, die Dante Alighieri vor den Toren der Hölle prangen ließ: *Lasciate ogne speranza, voi ch'intrate*: „Ihr die ihr hier eintretet, lasst alle Hoffnung fahren." Im Unterschied dazu konnte nach Marx die Hoffnung des Arbeiters, der kapitalistischen Hölle zu entrinnen, weder am Eingang zurückgelassen noch zunichte gemacht werden. Gerade im Kampf der Arbeiter um eine Verkürzung des Tages bezahlter Sklaverei werden die Samenkörner der emanzipierten Zukunft ausgesät. Der Kampf um die freie Zeit beginnt mitten im 19. Jahrhundert mit dem *Klassenkampf*, dessen Gegenstand die Arbeitszeit ist.

Beginnen wir die Analyse des achten Kapitels des ersten Bandes von *Das Kapital* mit einer Argumentation, auf die für die Lektüre dieses Werkes selten zurückgegriffen wird: mit dem Vergleich zwischen der Arbeitszeit in den vorindustriellen Manufakturen und in der modernen Hölle des Industriekapitalismus. Vor dem Entstehen der Großindustrie konnte der Arbeiter eine ganze Woche lang vom Lohn von vier Tagen leben. Ein Unternehmer beklagte sich darüber, dass der „Manufakturpöbel […] durchschnittlich nicht über 4 Tage die Woche arbeitet" (MEW 23, 291). Dies wurde nun unter den neuen, von der modernen Industrie auferlegten Regeln unmöglich: Die niedrigen Löhne und die drakonischen Arbeitsbedingungen ließen das nicht mehr zu. Diese von Marx gestellte Diagnose macht einen wichtigen Aspekt seines Denkens deutlich: seine *dialektische* Auffassung vom Fortschritt. In anderen Passagen seines Hauptwerkes geht er von dem Befund aus, der mit der bürgerlichen Ideologie eines linearen Fortschritts bricht, und hält fest, dass im Kapitalismus jeder wirtschaftliche Fortschritt zugleich eine gesellschaftliche Katastrophe bedeutet (vgl. z. B. MEW 23, 528–530). Anders gesagt: Marx leugnet den technischen Fortschritt und den Fortschritt der Produktivkräfte der Großindustrie nicht, doch er stellt fest, dass er oftmals mit einer dramatischen *gesellschaftlichen Rückentwicklung* einhergeht, insbesondere was die Lebens- und Arbeitsbedingungen der Werktätigen betrifft.

Interessant ist die Beobachtung, dass sich diese dialektische Sichtweise des kapitalistischen Fortschritts als sozialen Rückschritts bereits im *Manifest der kommunistischen Partei* (1848) findet, das Marx zusammen mit Friedrich Engels verfasst hat. Marx' Bewunderung der ungeheuren von der Bourgeoisie geschaffenen Produktivkräfte hindert ihn nicht daran, die gesellschaftlichen Katastrophen zur Kenntnis zu nehmen, die diese für den modernen Arbeiter im Vergleich zur Situation des vorindustriellen Arbeiters (des Handwerkers oder Manufakturarbeiters) bedeuten:

> Die Arbeit der Proletarier hat durch die Ausdehnung der Maschinerie und die Teilung der Arbeit allen selbständigen Charakter und damit allen Reiz für die Arbeiter verloren. Er wird ein bloßes Zubehör der Maschine […] In demselben Maße, in dem die Widerwärtigkeit der Arbeit wächst, nimmt daher der Lohn ab. Noch mehr, in demselben Maße, wie Maschinerie und Teilung der Arbeit zunehmen, in demselben Maße nimmt auch die Masse der Arbeit zu, sei es durch Vermehrung der Arbeitsstunden, sei es durch Vermehrung der in einer gegebenen Zeit geforderten Arbeit, beschleunigten Lauf der Maschinen, etc. (MEW 4, 468–469)

Kurz gesagt: Im Vergleich zu den vorindustriellen Bedingungen, insbesondere denen im Handwerk, wurde die Arbeit reizloser, widerwärtiger und vor allem immer länger: Sie wurde sehr mühsam. Marx wird diese Argumentation aus dem *Manifest* wieder aufgreifen, doch im achten Kapitel des ersten Bandes seines Hauptwerkes wird er sie genauer entfalten. Seine Kenntnis der Ausbeutungsmechanismen der Industrie hat inzwischen beträchtlich zugenommen, und er erforscht nun dieses Phänomen in all seinen Facetten.

Marx idealisiert keineswegs die Arbeitsbedingungen von Knechten oder Sklaven! Er versäumt es nicht, auf die Situation der Sklaven in den Gold- und Silberminen des Römischen Reichs hinzuweisen: Arbeiten bis zum Tod lautete das Gesetz. Doch er gelangt hier zu einer äußerst wichtigen Unterscheidung:

> Doch sind dies Ausnahmen in der alten Welt. Sobald aber Völker, deren Produktion sich noch in den niedrigren Formen der Sklavenarbeit, Fronarbeit usw. bewegt, hineingezogen werden in einen durch die kapitalistische Produktionsweise beherrschten Weltmarkt, der den Verkauf ihrer Produkte ins Ausland zum vorwiegenden Interesse entwickelt, wird den barbarischen Gräueln der Sklaverei, Leibeigenschaft usw. der zivilisierte Gräuel der Überarbeit aufgepfropft. Daher bewahrte die Negerarbeit in den südlichen Staaten der amerikanischen Union einen gemäßigt patriarchalischen Charakter, solange die Produktion hauptsächlich auf den unmittelbaren Selbstbedarf gerichtet war. In dem Grade aber, wie der Baumwollexport zum Lebensinteresse jener Staaten, ward die Überarbeitung des Negers, hier und da die Konsumtion seines Lebens in sieben Arbeitsjahren, Faktor eines berechneten und berechnenden Systems. Es galt nicht mehr, eine gewisse Masse nützlicher Produkte aus ihm herauszuschlagen. Es galt nun der Produktion des Mehrwerts selbst. Ähnlich mit der Fronarbeit, z. B. in den Donaufürstentümern. (MEW 23, 250)

Der Industriekapitalist teilt also mit den amerikanischen Sklavenhaltern das Bestreben der unbegrenzten Ausdehnung des Arbeitstages mit allen Mitteln. Dabei überschreiten sie skrupellos nicht nur die moralischen Grenzen – die geistigen und gesellschaftlichen Bedürfnisse –, sondern auch die physiologischen Grenzen der Arbeiter und Arbeiterinnen. Das hat die Erschöpfung und den frühzeitigen Tod so vieler Lohnsklaven zur Folge.

Gleichgültig gegenüber jeglicher moralischer oder sozialer Betrachtung, ist der Industriekapitalist einzig und allein von der heftigen Leidenschaft nach Verlängerung des Arbeitstags über jedes Maß hinaus getrieben (MEW 23, 249–258).

Auf der Suche nach einer Veranschaulichung und einer Allegorie für den unmenschlichen, unersättlichen und monströsen Charakter des Kapitals bringt Marx wiederholt den Vergleich mit einem *Vampir*. Es handelt sich um ein moralisches Urteil, doch das Bild hat eine präzise Bedeutung: Das Kapital ist tote Arbeit (in Gestalt von Maschinen, Gebäuden, von Geld), die die lebendige Arbeit des Arbeiters „trinkt" bzw. einsaugt (MEW 23, 247). Es geht hier nicht so sehr um eine Anklage des Kapitalisten als einzelner Person, sondern um eine Denunzierung des Kapitals als *System*! Bereits im Vorwort zur ersten Auflage bemerkt Marx nüchtern:

> Zur Vermeidung möglicher Missverständnisse ein Wort: Die Gestalten von Kapitalist und Grundeigentümer zeichne ich keineswegs in rosigem Licht. Aber es handelt sich hier um die Personen nur, soweit sie die Personifikation ökonomischer Kategorien sind, Träger von bestimmten Klassenverhältnissen und Interessen. Weniger als jeder andere kann mein Standpunkt [...] den Einzelnen verantwortlich machen für Verhältnisse, deren Geschöpf er sozial bleibt, sosehr er sich auch subjektiv über sie erheben mag. (MEW 23,16)

Im Rahmen kapitalistischer Gesellschaftsverhältnisse und der zügellosen Konkurrenz um den Markt ist jedes „großzügige" Verhalten von vornherein ausgeschlossen. In einer seltsamen und ironischen Rede, die er einem Arbeiter in den Mund legt, wendet er sich folgendermaßen an den Kapitalisten: „Du magst ein Musterbürger sein, vielleicht Mitglied des Vereins zur Abschaffung der Tierquälerei und obendrein im Geruch der Heiligkeit stehn, aber dem Ding, das du mir gegenüber repräsentierst, schlägt kein Herz in seiner Brust." Und einige Zeilen zuvor heißt es noch: „... in Geldsachen hört die Gemütlichkeit auf." (MEW 23, 248)

Ohne den Bourgeois seiner Verantwortung zu entheben, richtet sich Marx' Empörung vor allem gegen die Perversität, die Unmenschlichkeit und die Ungerechtigkeit *des kapitalistischen Systems als solchen*, gegen seine blinden und unpersönlichen ökonomischen Gesetze. Diese unerbittliche Logik ist es, die dazu führt, dass der „Musterbürger", der Freund der Tiere, ein Verhalten an den Tag legt, das eines Drakula würdig wäre:

> Als Kapitalist ist er nur personifiziertes Kapital. Seine Seele ist die Kapitalseele. Das Kapital hat aber einen einzigen Lebenstrieb, den Trieb, sich zu verwerten, Mehrwert zu schaffen, mit seinem konstanten Teil, den Produktionsmitteln, die größtmögliche Masse Mehrarbeit einzusaugen. Das Kapital ist verstorbne Arbeit, die sich nur vampyrmäßig belebt durch Einsaugen lebendiger Arbeit und umso mehr lebt, je mehr sie davon einsaugt. (MEW 23, 247)

Auf der Suche nach Vorläufern für die brutale Behandlung der Arbeiter durch das Kapital nimmt Marx auf die Eroberung Amerikas durch Spanien im 16. Jahrhundert Bezug: Er spricht von „maßlosen Ausschreitungen" des Kapitals, „nicht übergipfelt […] von den Grausamkeiten der Spanier gegen die Rothäute Amerikas" (MEW 23, 258). Möglicherweise hat der Vergleich weniger die Auslöschung der Indios als vielmehr die schreckliche Ausbeutung der Sklavenarbeit der Indigenen durch die Kolonialoligarchie – insbesondere in den Goldminen – im Auge, wie sie von Anfang der „Conquista" an Bartolomé de las Casas angeprangert hat.

Ein anderer Vergleich, der mehrmals auftaucht, ist der zwischen Lohnsklaverei und Sklaverei schlechthin, wie sie im Süden der Vereinigten Staaten praktiziert wurde. Marx ist der Unterschied der Lebensbedingungen eines schwarzen Sklaven und der der Proletarier in London oder New York sehr wohl bewusst. Das ist übrigens der Grund dafür, dass er Abraham Lincoln und seinen Kampf für die Abschaffung der Sklaverei in den Vereinigten Staaten begeistert unterstützte. Doch dessen ungeachtet stellt er wie viele Beobachter gewisse Analogien fest. So zitiert er etwa folgenden Ausschnitt eines Artikels der konservativen Tageszeitung *The London Daily Telegraph*:

> Wir deklamieren gegen die virginischen und karolinischen Pflanzer. Ist jedoch ihr Negermarkt, mit allem Schrecken der Peitsche und dem Schacher in Menschenfleisch, abscheulicher als diese langsame Menschenabschlachtung, die vor sich geht, damit Schleier und Kragen zum Vorteil von Kapitalisten fabriziert werden? (MEW 23, 258–259)

Marx zitiert auch aus den Arbeiten des Ökonomen und Gegners der Sklaverei, John Elliott Cairnes (1823–1875), über die mittels Sklavenarbeit betriebenen Pflanzungen im Süden der Vereinigten Staaten, wo es Arbeitskraft im Überfluss gibt, sowie auf den tropischen Inseln wie etwa Kuba:

> Es ist heutzutage in Kuba, dessen Revenuen nach Millionen zählen, und dessen Pflanzer Fürsten sind, wo wir bei der Sklavenklasse außer der gröbsten Nahrung, der erschöpfendsten und unablässigsten Plackerei einen großen Teil durch die langsame Tortur von Überarbeit und Mangel an Schlaf und Erholung jährlich direkt zerstört sehn. (MEW 23, 282)

In seiner Kommentierung dieser Beschreibung der Brutalität der Sklaverei zögert Marx nicht, einen Vergleich zu dem zu bringen, was in den Ländern der Lohnsklaverei vor sich geht:

> Mutato nomine de te fabula narratur![6] Lies statt Sklavenhandel Arbeitsmarkt, statt Kentucky und Virginien Irland und die Agrikulturdistrikte von England, Schottland und Wales, statt Afrika Deutschland! Wir hörten, wie die Überarbeit mit den Bäckern in London aufräumt, und dennoch ist der Londoner Arbeitsmarkt stets überfüllt mit deutschen und andren Todeskandidaten für die Bäckerei. (MEW 23, 282)

Um die Realität in den Fabriken bewusst zu machen, greift Marx nicht nur auf Vergleiche wie die eben zitierten zurück, sondern mehrmals auch auf ein eindrückliches Bild aus der Literatur, nämlich auf die Beschreibung der Hölle in Dantes *Göttlicher Komödie*. Im Zusammenhang der Schilderung der Streichhölzerindustrie schreibt er das Folgende:

> Wechsel des Arbeitstags von 12 auf 14 und 15 Stunden, Nachtarbeit, unregelmäßige Mahlzeiten, meist in den Arbeitsräumen selbst, die vom Phosphor verpestet sind. Dante wird in dieser Manufaktur seine grausamsten Höllenfantasien übertroffen finden. (MEW 23, 261)

6 „Unter anderem Namen handelt die Erzählung von dir!"; d. Übers.

In seine Beschreibung der Arbeitsbedingungen und vor allem der unerträglichen Arbeitszeiten in den modernen kapitalistischen Fabriken – vor allem in England, dem kapitalistischen Land schlechthin, aber auch in Irland, Frankreich und zuweilen anderen Ländern – nimmt Marx die in den Berichten der Fabrikinspektoren, von Medizinern und in Zeitungsartikeln gesammelten Informationen auf. Die Vertreter dieser Berufe aus dem Kleinbürgertum scheinen aus verschiedenen Gründen zum Kapitalismus auf eine gewisse Distanz zu gehen, indem sie seine hässlichsten Seiten festhalten. Im Falle der Inspektoren und Ärzte tragen eine gewisse Unabhängigkeit, ein gewisses „Berufsethos" und vielleicht auch religiöse Motive zu ihrer kritischen Haltung bei.

Das Corps der Inspektoren tritt nach der Verabschiedung des *Factory Act* von 1850 (auf den wir noch zu sprechen kommen) durch das britische Parlament auf den Plan:

> Es sind eigne Wächter des Gesetzes bestellt, die dem Ministerium des Innern direkt untergeordneten Fabrikinspektoren, deren Berichte halbjährlich von Parlaments wegen veröffentlicht werden. Sie liefern also eine fortlaufende und offizielle Statistik über den Kapitalistenheißhunger nach Mehrarbeit. (MEW 23, 254)

Die unmenschlichen Arbeitszeiten gehören für Marx ohne Zweifel zur unverschämtesten Seite der kapitalistischen Ausbeutung: 12, 14, 15, 18 Stunden am Tag oder mehr sind die übliche Arbeitsdauer in der kapitalistischen Industrie des 19. Jahrhunderts. Dabei handelt es sich – und darauf beharrt Marx mit Nachdruck – um einen Angriff auf die Grundlagen des Lebens und der Gesundheit des Arbeiters selbst. Dies ist auch die Ursache für den Rückgang der Lebenserwartung, wie man sie bei weiten Teilen der Arbeiterbevölkerung feststellte:

> Die kapitalistische Produktion, die wesentlich Produktion von Mehrwert, Einsaugen von Mehrarbeit ist, produziert also mit der Verlängrung des Arbeitstags nicht nur die Verkümmerung der menschlichen Arbeitskraft, welche ihrer normalen moralischen und physischen Entwicklungs- und Betätigungsbedingungen beraubt wird. Sie produziert die vorzeitige Erschöpfung und Abtötung des Arbeiters während eines gegebenen Termins durch Verkürzung seiner Lebenszeit. (MEW 23, 281)

Diese Verschlechterung der Gesundheit der Arbeiter stellt letztlich eine Bedrohung für die Industriegesellschaften dar. Doch Marx stellt fest, dass dies die Industriellen keineswegs kümmert:

> Après moi le déluge![7] ist der Wahlruf jedes Kapitalisten und jeder Kapitalistennation. Das Kapital ist daher rücksichtslos gegen Gesundheit und Lebensdauer des Arbeiters, wo es nicht durch die Gesellschaft zur Rücksicht gezwungen wird. Der Klage über physische und geistige Verkümmrung, vorzeitigen Tod, Tortur der Überarbeit, antwortet es: Sollte diese Qual uns quälen, da sie unsre Lust (Profit) vermehrt? Im Großen und Ganzen hängt dies aber auch nicht vom guten oder bösen Willen des einzelnen Kapitalisten ab. Die freie Konkurrenz macht die immanenten Gesetze der kapitalistischen Produktion dem einzelnen Kapitalisten gegenüber als äußerliches Zwangsgesetz geltend. (MEW 23, 286)

Wiederum besteht Marx – ohne mit seiner Kritik am zynischen Verhalten der Bourgeois zu sparen – auf der Zwangsgewalt der kapitalistischen Gesetze, die dem „guten Willen" oder der Ethik keinen Raum lassen. Es geht letztlich um die Perversität des *Systems* als solchen.

Marx studiert die Berichte der Ärzte und Fabrikinspektoren aufmerksam und beschreibt konkret und detailliert zahlreiche Beispiele für die unbarmherzige und erniedrigende Behandlung, der die Arbeiter ausgesetzt sind. Es geht dabei nicht darum, Statistiken aufzustellen, sondern darum, lebendige Menschen aus Fleisch und Blut zu zeigen, die einen Namen haben und auf dem Altar des Molochs Kapital geopfert werden.

Einer der von ihm zitierten Fälle, der ihn besonders berührt hat, ist der einer einfachen englischen zwanzigjährigen „Putzmacherin"[8], Mary Ann Walkley, deren Schicksal die erste Seite der Londoner Zeitungen im Juni 1863 gewidmet war. *Death by Simple Overwork,* lautete die Schlagzeile, also „Tod durch schlichte Überarbeitung". Mary Ann arbeitete zusammen mit sechzig anderen jungen Frauen in einem Modeatelier, das unter Zeitdruck die Toilette vornehmer Damen fertigstellte, welche auf einen Ball zu Ehren der Prinzessin von Wales geladen waren. Die junge Frau war von ihren Dienstherren gezwungen worden,

7 „Nach mir die Sintflut!"; d. Übers.
8 Das heißt Schneiderin; d. Übers.

sechsundzwanzigeinhalb Stunden ohne Unterbrechung in einem sehr kleinen, nicht belüfteten Raum zu arbeiten, und wurde daraufhin krank. Zwei Tage später starb sie. Selbst eine bürgerliche Zeitung wie der *Morning Star* musste feststellen: „... unsere weißen Sklaven werden in das Grab hineingearbeitet und verderben und sterben ohne Sang und Klang." (MEW 23, 270)

Das Schicksal dieser jungen Frau war keineswegs ein Einzelfall. Marx zitiert ausführlich aus dem Bericht von Dr. Richardson, dem Chefarzt eines Londoner Krankenhauses:

> „Näherinnen aller Art, Putzmacherinnen, Kleidermacherinnen und gewöhnliche Näherinnen leiden an dreifachem Elend – Überarbeit, Luftmangel und Mangel an Nahrung oder Mangel an Verdauung. Im Ganzen passt diese Art Arbeit unter allen Umständen besser für Weiber als für Männer. Aber es ist das Unheil des Geschäfts, dass es, namentlich in der Hauptstadt, von einigen 26 Kapitalisten monopolisiert wird, die durch Machtmittel, welche dem Kapital entspringen (*that spring from capital*), Ökonomie aus der Arbeit herauszwingen (force economy out of labour; er meint, Auslagen ökonomisieren durch Verschwendung der Arbeitskraft). Ihre Macht wird im Bereich dieser ganzen Klasse von Arbeiterinnen gefühlt." [...] „Zu Tod arbeiten ist die Tagesordnung, nicht nur in der Werkstätte der Putzmacherinnen, sondern in tausend Plätzen, ja an jedem Platz, wo das Geschäft im Zug ist ..." (MEW 23,269–271)

Von allen Opfern eines vom Kapital auferlegten sehr langen Arbeitstags sind es die *Kinder*, die bei Marx die größte Empörung auslösen. Die Beispiele von Kinderarbeit, auch noch nachts, füllen mehrere Seiten dieses Kapitels. Ein Bericht eines Fabrikinspektors gibt die Aussage William Woods, eines neunjährigen Kindes, das seit dem achten Lebensjahr gezwungen ist, von sechs Uhr morgens bis neun Uhr abends, das heißt 15 Stunden am Tag, in einer Keramikfabrik zu arbeiten, wieder ... Marx zitiert die Schlussfolgerung des offiziellen Berichts der *Children's Employment Commission*:

> „Kein menschliches Gemüt [...] kann die Arbeitsmasse, die nach den Zeugenaussagen durch Knaben von 9 bis 12 Jahren verrichtet wird,

> überdenken, ohne unwiderstehlich zum Schluss zu kommen, dass dieser Machtmissbrauch der Eltern und Arbeitgeber nicht länger erlaubt werden darf." (MEW 23, 273)

Diese Kinder, so Marx, sind „unter das Juggernaut-Rad des Kapitals" geworfen MEW 23, 297). In Indien wird Juggernaut, die Inkarnation der hinduistischen Gottheit Vishnu, des Herrn des Universums, in einer Prozession auf einem Wagen auf riesigen und sehr schweren Rädern mitgeführt. Den Erzählungen zufolge fordert der weiß, schwarz und gelb bemalte Holzgötze Menschenopfer, und Kinder müssen unter seine Räder geworfen werden. Marx benutzt in *Das Kapital* oftmals diese orientalische Allegorie, um den tödlichen Charakter des Kapitals anzuprangern, das jene Art Götzendienst darstellt, der Menschenopfer fordert.

Marx beschreibt die Arbeiter nicht nur als Opfer. Sein Standpunkt ist nicht der eines menschenfreundlichen Mitleids, sondern der des *Klassenkampfes.* Die Regulierung des Arbeitstages ist Ergebnis „eines vielhundertjährigen Kampfes zwischen Kapitalist und Arbeiter" (MEW 23, 286). Die einfachste Art des Widerstands der Arbeiter ist seit Jahrhunderten schlicht die Verweigerung der Mehrarbeit. Marx bemerkt nicht ohne Ironie, dass man trotz der Bemühungen des Staates, das heißt der britischen Krone, die Arbeit zu disziplinieren, feststellen könne:

> Noch während des größten Teils des 18. Jahrhunderts, bis zur Epoche der großen Industrie, war es dem Kapital in England nicht gelungen, durch Zahlung des wöchentlichen Werts der Arbeitskraft sich der ganzen Woche des Arbeiters, Ausnahme bilden jedoch die Agrikulturarbeiter, zu bemächtigen. Der Umstand, dass sie eine ganze Woche mit dem Lohn von 4 Tagen leben konnten, schien den Arbeitern kein hinreichender Grund, auch die andren zwei Tage für den Kapitalisten zu arbeiten. (MEW 23, 290)

Dieser Umstand sollte heftige Kritik vonseiten bürgerlicher Ökonomen hervorrufen, die geflissentlich den „Müßiggang" der Arbeiter beklagten. Der geiferndste unter den Anklägern der Arbeiterklasse war der anonyme Autor des Buches *An Essay on Trade and Commerce Containing Observations on Taxation,* das in London im Jahr 1770 veröffentlicht wurde. Der Ökonom, der für das

Werk verantwortlich zeichnet, macht einen Vorschlag, um die Faulen zum Arbeiten zu bewegen. Dabei geht es – so fasst Marx zusammen – darum,

> ... solche Arbeiter, die der öffentlichen Wohltätigkeit anheimfallen, in einem Wort, Paupers, einzusperren in ein „ideales Arbeitshaus" (an Ideal Workhouse). „Ein solches Haus muss zu einem Hause des Schreckens (House of Terror) gemacht werden." In diesem „Hause des Schreckens", diesem „Ideal von einem Workhouse", soll gearbeitet werden „14 Stunden täglich mit Einbegriff jedoch der passenden Mahlzeiten, sodass volle 12 Arbeitsstunden übrigbleiben" [...]. Das „Haus des Schreckens" für Paupers, wovon die Kapitalseele 1770 noch träumte, erhob sich wenige Jahre später als riesiges „Arbeitshaus" für die Manufakturarbeiter selbst. Es hieß Fabrik. Und diesmal erblasste das Ideal vor der Wirklichkeit. (MEW 23, 292–293).

Angesichts der praktizierten Sklaverei in der Fabrik entwickelten die Arbeiter Formen des kollektiven Widerstands. Diese Schlacht um die Durchsetzung eines Normalarbeitstages sollte sich durch das gesamte 19. Jahrhundert ziehen:

> Die Schöpfung eines Normalarbeitstags ist daher das Produkt eines langwierigen, mehr oder minder versteckten Bürgerkriegs zwischen der Kapitalistenklasse und der Arbeiterklasse. Wie der Kampf eröffnet wird im Umkreis der modernen Industrie, so spielt er zuerst in ihrem Heimatland, England. Die englischen Fabrikarbeiter waren die Preisfechter nicht nur der englischen, sondern der modernen Arbeiterklasse überhaupt, wie auch ihre Theoretiker der Theorie des Kapitals zuerst den Fehdehandschuh hinwarfen. (MEW 23, 316–317)

Der erste, wenn auch noch sehr begrenzte und eher fiktive als wirkliche Sieg war der *Factory Act* von 1883, der den Arbeitstag auf 15 Stunden beschränkte! Das war dem großen Freund des „industriellen Fortschritts", Dr. Andrew Ure (1778–1857), der am heftigsten die kapitalistischen Interessen verfocht und oft von Marx zitiert wurde, bereits genug. Er prangerte dieses Gesetz als einen Rückfall in finstere Zeiten an! Das heißt als einen Rückfall in den „Müßiggang" vor der industriellen Revolution ...

Die Chartistenbewegung (1838–1848) war die erste große moderne politische Arbeiterbewegung. Sie kämpfte für das Wahlrecht der Arbeiter und spielte eine wichtige Rolle. Sie erreichte die Abstimmung der *Factory Acts* von 1844 und 1847 im Parlament. Das Verbot der Chartisten im Jahr 1848 – ihre Anführer wurden verhaftet – begünstigte den Rachefeldzug der Kapitalisten, wie Marx betont. Er vergleicht diesen mit der Erhebung der Sklavenhalter der Südstaaten der USA gegen die von Abraham Lincoln durchgesetzte Abschaffung der Sklaverei:

> Die Herrn Fabrikanten brauchten sich also nicht zu genieren. Sie brachen in offne Revolte aus nicht nur wider das Zehnstundengesetz, sondern wider die ganze Gesetzgebung, welche seit 1833 die „freie" Aussaugung der Arbeitskraft einigermaßen zu zügeln suchte. Es war eine Proslavery Rebellion in Miniatur, während mehr als zwei Jahren durchgeführt mit zynischer Rücksichtslosigkeit, mit terroristischer Energie … (MEW 23, 302)

Der Wunsch der *Tories* (der Konservativen), sich wegen der von den bürgerlichen Liberalen exekutierten Maßnahmen der Befreiung des Außenhandels zu rächen, begünstigt innerhalb eines komplexen Spiels parlamentarischer Winkelzüge die Reglementierung der Arbeit durch die Verabschiedung der *Factory Acts* von 1850 und 1853. Der Druck der Arbeiter lässt nicht nach. Danach wurden im Zeitraum von 1853 bis 1860 nach und nach der Zehnstundentag und das Verbot der Kinderarbeit verfügt. Marx stellt kommentierend fest, dass „… die Widerstandskraft des Kapitals graduell abschwächte, während zugleich die Angriffskraft der Arbeiter wuchs mit der Zahl ihrer Verbündeten in den nicht unmittelbar interessierten Gesellschaftsschichten" (MEW 23, 313).

Marx erläutert nicht näher, wer diese Verbündeten sind, aber ohne Zweifel gehören hierzu Teile des Kleinbürgertums, insbesondere die Ärzte und Fabrikinspektoren. Letztere spielten eine entscheidende Rolle, indem sie durch ihre Berichte die Öffentlichkeit alarmierten, die Arbeitsbedingungen – insbesondere die der Kinder – in den Fabriken anprangerten und gegen die juridischen Manöver von Repräsentanten des Kapitals protestierten. Es wäre interessant, die gesellschaftliche Herkunft, die Weltanschauung und das Verhalten dieser Gruppe aus einer bestimmten Gesellschaftsschicht und einer bestimmten Berufsgruppe, die sich um Gesundheits- und Sozialpolitik kümmerte und die zu einem juridischen und politischen Verbündeten der englischen Arbeiterklasse wurde, näher zu erforschen.

Eines der Länder, in denen der Kampf um die Verkürzung des Arbeitstages am weitesten fortgeschritten war, waren die Vereinigten Staaten. Marx schildert begeistert die unterschiedlichen Kämpfe der amerikanischen Arbeiter, von denen viele europäische Emigranten aus Deutschland, Irland oder Italien waren, für den *Achtstundentag*. Im August 1866 fand in Baltimore der Allgemeine Kongress der Arbeiter des Landes statt. Am Ende wurde eine Resolution verabschiedet, in der es vor allem heißt: Der erste Schritt, um die Arbeit von der kapitalistischen Sklaverei zu befreien, ist es, ein Gesetz durchzusetzen, das den Arbeitstag auf acht Stunden begrenzt. Diese Losung sollte später auf Betreiben von Marx selbst von der *Ersten Internationalen Arbeiterassoziation* aufgegriffen werden, die auf ihrem Kongress im Genf im Jahr 1866 den Kampf um den Achtstundentag beschloss. (Die entsprechende Resolution zitiert Marx in MEW 23, 319). Wie wir weiter unten noch sehen werden, sollte die große Schlacht um den Achtstundentag in den Vereinigten Staaten am 1. Mai 1886 stattfinden.

Bei seinem Versuch, die Arbeitszeit ohne Rücksicht auf irgendeine Grenze auszudehnen, ist das Kapital bestrebt, die freie Zeit, das heißt die Zeit, die der Arbeiter seiner Verwirklichung als Mensch widmen kann, mit allen Mitteln zu reduzieren: „Zeit zu menschlicher Bildung, zu geistiger Entwicklung, zur Erfüllung sozialer Funktionen, zu geselligem Verkehr, zum freien Spiel der physischen und geistigen Lebenskräfte, selbst die Feierzeit des Sonntags …" (MEW 23, 280). Dies alles wurde vom Kapital beschnitten, das diese Aktivitäten, die durchaus unverzichtbar für das Leben sind, für „bloße Albernheiten", also Zeitverschwendung, zu halten scheint.

Wiederum – einmal wäre noch keine feste Gewohnheit – beinhaltet die Aufzählung der Freizeitbeschäftigungen sogar religiöse, kultische Verrichtungen der Arbeiter. Sie vermittelt uns damit eine Vorstellung von dem, was in einer kommunistischen Gesellschaft, das heißt im Reich der Freiheit, ein emanzipiertes menschliches Leben sein könnte. Ein Leben, für das jede der Lohnarbeit (im Dienst des Kapitals) entrissene freie Stunde ein Vorgeschmack, eine Verheißung, eine Vorahnung ist.

III. Die anderthalb Jahrhunderte währenden Kämpfe um die Verkürzung der Arbeitszeit

Der versteckte Bürgerkrieg zwischen Kapital und Arbeiterklasse um den Arbeitstag, wie er im achten Kapitel des ersten Bandes von *Das Kapital* thematisiert wird, hat sich nach dem Tod von Karl Marx (1883) beträchtlich ausgeweitet und intensiviert. Im Fokus stand nun der Achtstundentag. Er war Gegenstand eines erbitterten Streits zwischen den von Richtern und Regierenden unterstützten Fabriksherren unter machtvoller Mitwirkung uniformierter bewaffneter Polizei- oder Militäreinheiten einerseits und den Arbeiterorganisationen andererseits. Diese Auseinandersetzung verlief bald verdeckt und bald offen, zuweilen „friedlich", doch häufig gewaltsam. Austragungsorte waren nicht nur die Parlamente und Gerichtssäle, sondern vor allem die Fabriken, die Wohnviertel der einfachen Leute, die Straßen und Plätze.

Der Achtstundentag ist eine Forderung, die mehr als andere Forderungen – wie etwa nach Lohnerhöhungen oder besseren Arbeitsbedingungen – imstande war, die verschiedenen Berufsgruppen und sozialen Kategorien der Arbeitswelt in einem gemeinsamen Kampf zu vereinen: Frauen und Männer, prekär Beschäftigte und Arbeiter mit einem festen Vertrag, einheimische und ausländische Arbeiter, Weiße und Schwarze, Junge und Alte. Unabhängig von ihrem Geschlecht, ihrem Alter, ihrer Hautfarbe oder ihrem Beruf fanden alle im Kampf für die „drei acht" zusammen. Überdies war das ein Kampf, der die Syndikalisten, Anarchisten, Sozialisten, Kommunisten, Reformisten und Revolutionäre im Streben nach demselben Ziel vereinen konnte. Man muss anerkennen, dass im Lauf der ersten Jahrzehnte nach Chicago die Hauptorganisatoren der Bewegung die Anarchosyndikalisten waren. Es ist auch interessant festzustellen, dass in vielen Schlachten um die Verkürzung der Arbeitszeit die *Arbeiterinnen* in der ersten Reihe stehen.

Schließlich handelt es sich um eine Forderung, die stets Feindseligkeit, besser gesagt den blanken Hass mehrerer Generationen von Unternehmen seit dem 19. Jahrhundert bis hin zur heutigen MEDEF (= Mouvement des

Entreprises de France[9]) hervorgerufen hat. Die Kapitalisten und deren Vertreter in der Regierung, in den Parlamenten, in der Presse oder auf den Lehrstühlen für politische Ökonomie haben das Unterbinden der Kinderarbeit, die Beschränkung des Arbeitstages auf acht Stunden, bezahlten Urlaub usw. unablässig als kriminell, unverantwortlich und katastrophal für die Wirtschaft des Landes angeprangert. ... Dieser Diskurs hat sich seit zweihundert Jahren eingeschliffen und wird gebetsmühlenartig endlos wiederholt.

Wir möchten hier, ohne zu ausführlich zu werden, an einige entscheidende Momente in diesem internationalen Kampf zwischen Kapital und Arbeit um die Verkürzung des Arbeitstags erinnern.

Eines der ersten großen Ereignisse im Kampf um den Achtstundentag, das in die Annalen der Arbeiterbewegung eingegangen ist, ist der erste Mai 1886 in Chicago.

Zu jener Zeit waren die amerikanischen Arbeiter – häufig Einwanderer – dazu verpflichtet, mehr als zehn Stunden am Tag, zuweilen zwölf oder 14 Stunden, zu arbeiten. Eine sehr moderate Gewerkschaftsorganisation, die *Federation of Organized Trades and Labour Unions* (FOTLU), verkündete bei ihrer Konferenz im Jahr 1884 in Chicago: „Ab dem ersten Mai 1886 wird die gesetzliche Arbeitszeit acht Stunden betragen." Am ersten Mai 1886 kam es in mehreren Städten des Landes zu Streiks und Demonstrationen, die von der FOTLU mit Unterstützung einer anderen, „apolitischen" Organisation, nämlich der den Freimaurern nahestehenden *Knights of Labour* („Ritter der Arbeit") organisiert wurden. In bestimmten Städten leisteten anarchosyndikalistische Gruppen Unterstützung. Etwa 300.000 Menschen beteiligten sich an den Streiks. Chicago, wo die Anarchosyndikalisten großen Einfluss hatten, war das Epizentrum der Aktionen für den Achtstundentag: 40.000 Arbeiter und Arbeiterinnen traten in den Streik.

In den Fabriken von McCormick wird der Streik von der Metallergewerkschaft organisiert, deren Mitglieder mehrheitlich Anarcho-Syndikalisten sind. Am 3. Mai schießt die Polizei vor der Fabrik in die Menge der Streikenden und tötet dabei vier Arbeiter. Am nächsten Tag ruft die Gewerkschaftslinke, die um die beiden Zeitungen *The Alarm* und *Arbeiter-Zeitung* organisiert ist, zu einer Protestversammlung in Chicago auf, die auf dem Haymarket, dem alten

9 Größter Arbeitgeberverband Frankreichs; d. Übers.

Heumarkt, stattfinden soll. Die Demonstranten – etwa dreitausend Arbeiteraktivisten – sind bereits dabei, die Versammlung aufzulösen, als die Polizei mit Gewalt zum Angriff übergeht. In diesem Augenblick wirft jemand – man wird nie wissen, wer genau – eine Bombe auf die Polizisten, wobei acht von ihnen getötet und sechzig verletzt werden. Als Reaktion schießt die Polizei in die Menge, tötet dabei etwa acht Menschen (die genaue Zahl ist nicht bekannt) und verletzt etwa weitere zweihundert.

Die Behörden zeigen sich außerstande, den Schuldigen für die Bombenexplosion ausfindig zu machen, die zu den ersten Toten führte. Sie entschlossen sich daher, die acht wichtigsten Anführer der revolutionären Gewerkschafter Chicagos zu verhaften, die die Versammlung organisiert hatten. Sie werden vor Gericht gestellt und einer Farce von Gerichtsbarkeit unterworfen.

Der Staatsanwalt Julius Grinnel wendet sich an die Geschworenen und sagt: „Von der Republik zur Anarchie ist es nur ein Schritt. Zugleich mit dem Anarchismus steht in diesem Prozess auch das Gesetz auf dem Spiel. Diese acht Männer wurden ausgewählt, weil sie Rädelsführer sind. Sie sind nicht schuldiger als die Tausende von Menschen, die ihnen folgen. Meine Herren Geschworenen, verurteilen Sie diese Männer, statuieren Sie ein Exempel, lassen Sie sie verhaften, und Sie werden unsere Institutionen und unsere Gesellschaft damit retten. Sie sind es, die darüber entscheiden werden, ob wir diesen Schritt zur Anarchie gehen oder nicht."

Aufgrund ihrer Überzeugungen, ihrer Flugblätter und ihrer revolutionären Aufrufe zum Kampf wurden fünf der Gewerkschaftsführer zum Tod und drei weitere zu schweren Gefängnisstrafen verurteilt.

Einer von ihnen, Louis Lingg, tötet sich vor seiner Hinrichtung selbst mit einer Stange Dynamit. Die vier anderen, August Spies, Albert Parsons, Adolph Fischer und George Engel, werden am 11. November 1887 erhängt. Auf dem Galgen und mit dem Strick um den Hals spricht Spies seine letzten Worte, die heute in Bronzebuchstaben auf dem Denkmal der Märtyrer von Chicago prangen: „Die Zeit wird kommen, da unser Schweigen mächtiger sein wird als die Stimmen, die ihr nun erwürgt." Einige Jahre später, genau gesagt im Jahr 1893, beschließt der Gouverneur des Staates Illinois, John P. Altgeld, die ermordeten Aktivisten zu rehabilitieren. Der Großteil der „Beweise", die von der Anklage in den Prozess eingebracht worden waren, waren „reine Fälschung".

Wer waren diese libertären Kämpfer aus Chicago, Pioniere des Kampfes um den Achtstundentag und Opfer der Klassenjustiz? Zum Großteil waren es deutsche Einwanderer, organisierten sich zunächst in der sozialistischen Bewegung, das heißt in der *Socialist Labour Party* (SLP) und wurden dann zu Anhängern des Anarchosyndikalismus. Nur ein Einziger von ihnen, Albert Parsons, war bereits auf dem Boden der Vereinigten Staaten geboren. Er hatte am Bürgerkrieg auf der Seite der abolitionistischen Streitkräfte Abraham Lincolns teilgenommen und war wie seine Genossen von der SLP zum Anarchismus übergewechselt.

Es ist interessant festzustellen, dass sich unter den Leuten, die zur Verteidigung der Anarchisten von Chicago aktiv wurden, auch Eleanor Marx, die jüngste Tochter von Karl und Jenny Marx, befand, die 1855 geboren war. Sie verbrachte einige Monate in den Vereinigten Staaten. In einer Rede vom November 1886 nennt sie den Prozess „einen der infamsten legalen Morde, die jemals begangen wurden". Würden die Angeklagten hingerichtet, so ruft sie aus, „so wird man über ihre Henker das sagen müssen, was mein Vater über die sagte, die das Volk von Paris abschlachteten: ‚Seine Vertilger hat die Geschichte schon jetzt an jenen Schandpfahl genagelt, von dem sie zu erlösen alle Gebete ihrer Pfaffen ohnmächtig sind.'" (vgl. MEW 17, 362)

Im Dezember 1886 wurde ein gemäßigter Gewerkschaftsbund gegründet, der die FOTLU ablöste: die *American Federation of Labor* unter der Führung von Samuel Gompers. Er machte sich bald die Losung des Achtstundentags zu eigen, und zwar auf dem Kongress des Jahres 1888, und rief für den ersten Mai 1890 zu einem Generalstreik im ganzen Land auf.

Die *Zweite Internationale* hat den ersten Mai auf ihrem Gründungskongress im Jahr 1889 in Paris zum weltweiten Tag des Kampfes um die Verkürzung des Arbeitstages auf acht Stunden gemacht: Im Folgenden zitieren wir im Wortlaut aus diesem historischen Dokument:

> Der Kongress beschließt:
> Es ist für einen bestimmten Zeitpunkt eine *große internationale Manifestation* (Kundgebung) zu organisieren, und zwar dergestalt, dass gleichzeitig in allen Ländern und in allen Städten an einem bestimmten Tage die Arbeiter an die *öffentlichen Gewalten (Behörden) die Forderung richten, den Arbeitstag auf acht Stunden festzusetzen* und die übrigen Beschlüsse des internationalen Kongresses von Paris zur Ausführung zu bringen.

> In Anbetracht der Tatsache, dass eine solche Kundgebung bereits von dem *Amerikanischen Arbeiterbund* (Federation of Labor) auf seinem im Dezember 1888 zu St. Louis abgehaltenen Kongress für den 1. Mai 1890 beschlossen worden ist, wird dieser Zeitpunkt als *Tag der internationalen Kundgebung angenommen*. (Kongreß-Protokolle der Zweiten Internationale 1975, 123)

Dieser Kampf folgte der Losung von den „drei acht": acht Stunden Arbeit, acht Stunden Erholung und acht Stunden, um sich zu bilden und seinen Körper zu kultivieren. Oder wie es ein amerikanisches Plakat der damaligen Zeit zum Ausdruck brachte: Nach der Arbeit und der Erholung sind acht Stunden dem „Vergnügen" vorbehalten. Seinen Körper und seinen Geist kultivieren, auf dass jeder darin sein Vergnügen finde: Wir sind nicht so weit entfernt von Marx' Beschreibung der freien Zeit, jener wertvollen freien Zeit, die Samenkörner der emanzipierten Zukunft in sich birgt …

Im Jahr 1890 kämpften Arbeiter zum ersten Mal in etwa zwanzig Ländern gleichzeitig um dasselbe Ziel: die acht Stunden. Der Aufruf der jungen ungarischen Arbeiterpartei schließt mit folgenden Worten: „Mit dem Achtstundentag ist der Arbeiter nicht länger ein einfaches Arbeitswerkzeug und fängt an, ein Mensch zu werden. Für ein solches Ziel lohnt sich der Kampf."

Die Vorbereitung von Streiks und Kundgebungen, die illegal waren, schafft nahezu ein Klima des Aufruhrs. In Wien genehmigt die Regierung schließlich die Versammlung. Ein riesiger Zug von 300.000 Menschen bewegt sich ruhig voran. In London sind am Sonntag, dem 4. Mai, fast eine halbe Million Demonstranten auf der Straße. Es gibt Kundgebungen in Lissabon, Bukarest, Mexiko, New York, ja selbst in Kuba, das damals noch eine spanische Kolonie ist.

In Frankreich beginnt der Kampf um den Achtstundentag sofort nach dem Arbeiterkongress der *Zweiten Internationale* in Paris. Am ersten Mai 1890 demonstrieren 100.000 Arbeiter auf den Straßen von Paris, von 30.000 Soldaten bewacht. Paul Lafargue, der damals eine der wichtigsten sozialistischen Führungspersönlichkeiten Frankreichs war, ruft zu Streiks für den Achtstundentag auf. Im darauf folgenden Jahr, am ersten Mai 1891, brechen mehrere Streiks aus. In der kleinen Stadt Fourmies im Norden, wo es Textilfabriken gibt, findet eine friedliche Demonstration von Arbeiterinnen und Arbeitern statt, deren Losung lautet: „Was wir brauchen, sind die acht Stunden!"

Der Präfekt schickt das Militär, das auf die unbewaffneten Demonstranten schießt. Bilanz: neun Tote und 35 Verwundete, zum Großteil junge Frauen zwischen 16 und zwanzig Jahren sowie zwei Kinder von zwölf und 14 Jahren. Die „Schießerei von Fourmies" wird von Jaurés, von Lafargue und selbst von Clemenceau, damals Abgeordneter des Departements Var aus dem republikanischen Lager, angeprangert. Er betrachtet den Vorfall als Aufstand des „Vierten Standes". Paul Lafargue wird beschuldigt, der Anstifter des Streiks gewesen zu sein, und zu einem Jahr Gefängnis verurteilt. Das konnte nicht verhindern, dass er Ende des Jahres 1891 zum sozialistischen Abgeordneten gewählt wurde.

Die von revolutionären Gewerkschaftern im Jahr 1895 gegründete *Confédération générale du travail* (CGT) beteiligt sich ihrerseits intensiv am Kampf für die acht Stunden. Sie organisiert die großen Demonstrationen vom ersten Mai 1906 in ganz Frankreich. Das Grubenunglück von Courrières mit etwa 1.100 Toten, das sich zuvor am 10. März ereignet hatte, war Auslöser eines sechswöchigen Streiks der Bergbauarbeiter, dessen Losung lautete: Acht Francs, acht Stunden." Clemenceau, der inzwischen Ratspräsident geworden war, erwirbt sich redlich seinen inoffiziellen Titel als „erster Bulle Frankreichs" und schickt Zehntausende Soldaten gegen die Kumpel aus dem Norden.

Diese Repression trägt aber lediglich dazu bei, den Streiks, die im Vorfeld des ersten Mai im Land ausbrechen, eine breitere Basis zu verschaffen. Die CGT gibt die Losung aus: „Ab ersten Mai 1906 wird nicht mehr als acht Stunden gearbeitet." Dieses Motto wird auf ein riesiges Spruchband über dem Gewerkschaftshaus geschrieben. In Vorbereitung auf diesen ersten Mai, der vorhersehbar mehr Menschen mobilisieren sollte als in den vergangenen Jahren, werden in Paris etwa 60.000 Soldaten zusammengezogen. Die Niederschlagung der Demonstration fordert zwei Tote und zahlreiche Verletzte, und in deren Folge kam es zu Hunderten von Verhaftungen. Gewerkschaftsführer der Mine und der CGT werden ins Gefängnis geworfen.

Trotz der Tragödie vom Haymarket fünfzehn Jahre zuvor und der Hinrichtung revolutionärer Gewerkschafter hat der Kampf um die acht Stunden in den Vereinigten Staaten nicht nachgelassen. Die *Western Federation of Miners* (WFM) ist eine der treibenden Kräfte in diesem Kampf. Zwei große Streiks unter den Bergarbeitern finden in Colorado in Cripple Creek (1903) und in Telluride (1905) statt und werden brutal niedergeschlagen: Es gibt Dutzende Toter und Hunderte von Verletzten, doch die Bergbauarbeiter können Siege verzeichnen. Die wichtigsten Anführer der WFM wie etwa Bill Haywood zählen 1905 zu den Gründungsmitgliedern der *International Workers of the World* (IWW), einer revolutionären Gewerkschaftsbewegung, die für direkte Aktion und den Generalstreik eintritt. In Amerika ist sie in der Minderheit, es gelingt den IWW jedoch insgesamt, 200.000 Arbeiter zu organisieren, und zwar insbesondere in den Reihen des Prekariats, der Ausländer, der Frauen, etc.

Der Kampf um die acht Stunden gehört zu den vorrangigen Kampfzielen der IWW. Er ist eine Antwort der Arbeiter selbst auf die Arbeitslosigkeit: „Wenn alle Arbeitenden sich die Zeit nähmen und nicht so viele Stunden am Tag arbeiteten, dann gäbe es genug Arbeit für alle."

In den Jahren 1912 und 1913 führen die IWW zwei aufsehenerregende Streiks mit den Arbeiterinnen von Textilfabriken in Lawrence (Massachusetts) und Patterson (New Jersey) durch. Die Hauptforderungen beziehen sich auf die Löhne und die Arbeitszeiten. Die Losung des Streiks in Lawrence sollte bald berühmt werden: *Bread and Roses*, „Brot und Rosen". Die Arbeiterinnen sind zum Großteil Immigrantinnen aus vierzig Nationen. Mit Unterstützung der IWW wählen sie ein „multinationales" Streikkomitee. Die gemäßigte Gewerkschaft AFL versucht, den Streik zu sabotieren – ohne Erfolg. Die wichtigsten Anführer der IWW, Bill Haywood und Elisabeth Gurley Finn, kommen, um zu helfen.

Zusammen unterstützen sie die beiden Kader vor Ort, die ursprünglich aus Italien kamen, den Anarchosyndikalisten Joseph Ettori und den Sozialisten Arturo Giovannitti. Die IWW startet eine Initiative, der großer Erfolg beschieden sein sollte: die hungernden Kinder der streikenden Familien zu sympathisierenden Familien nach New York und in die Städte der Umgebung zu schicken. Ein zweiter Konvoi mit Kindern wird von der Polizei brutal angehalten. Sie nimmt Mütter und Kinder bei der Abfahrt fest, was im ganzen Land eine Welle der Empörung auslöst. Schließlich sind die Arbeitgeber der Textilbranche gezwungen, die Hauptforderungen der Arbeiterinnen, angefangen vom Achtstundentag ohne Lohnkürzung, zu akzeptieren.

Mit Ausnahme von Australien beträgt am Vorabend des Ersten Weltkriegs der gesetzliche Arbeitstag in den industrialisierten Ländern, soweit er existiert, zehn Stunden bzw. zwölf oder 14 Stunden wie in Frankreich (wobei für Frauen und junge Menschen die gesetzliche Arbeitsdauer herabgesetzt wird).

Der Kampf um die Verkürzung der Arbeitszeit beschränkt sich nicht auf die am meisten industrialisierten Länder, er breitet sich auch an der Peripherie Europas, zum Beispiel in Griechenland und (vor allem) in Russland, aus. Im Kontext der Kriegsanstrengungen im August 1916 bricht in den Eisenerzminen der Insel Serifos in Griechenland ein Bergarbeiterstreik aus, der von Anarchosyndikalisten, unter anderem von Kostas Speras (1893–1943), organisiert wird. Die Arbeitsbedingungen waren hart: zwölf bis 14 Stunden Arbeit, keine Sicherungsvorkehrungen, zahlreiche Tote in den Stollen. Die Streikenden fordern den Achtstundentag, eine bessere Bezahlung und ein Mindestmaß an Sicherheitsvorkehrungen. Die Regierung schickt zunächst Polizeikräfte. Deren Kommandant nimmt zu Beginn die Streikführer fest und tötet drei Arbeiteraktivisten. Er wird von der Menge der Arbeiter unschädlich gemacht und ins Meer geworfen. Die Polizisten werden entwaffnet, die Gefangenen befreit, und der Arbeiterrat übernimmt die Kontrolle über die Insel. Er besetzt den Hafen. Einige Wochen später, im September, schickt die Regierung eine Fregatte. An Bord befinden sich Hunderte von Soldaten, die „die Ordnung wiederherstellen". Das Bergbauunternehmen, dem die Mine gehört, akzeptiert die Hauptforderungen der Streikenden, vor allem den Achtstundentag.

In Russland begann der Kampf um den Achtstundentag 1896 mit den Streiks von Sankt Petersburg. Die Streiks flammen in den darauf folgenden Jahren wieder auf. Im Jahr 1897 ist ein erster, wenn auch bescheidener Sieg zu verzeichnen: Die maximale Arbeitsdauer pro Tag wird für ganz Russland auf elfeinhalb Stunden festgelegt. Im Sommer 1903 kommt es in den großen südrussischen Städten – Baku, Tiflis, Batum, Jelisawetgrad, Odessa, Kiew, Jekaterinoslaw – zu einer großen spontanen Streikbewegung von Arbeiterinnen, deren Forderungen sich auf die Bezahlung und die Verkürzung der Arbeitszeit beziehen. Es handelt sich um Massenstreiks. Die Protestmärsche sind beeindruckend. Es kommt zu immer mehr Versammlungen, Reden, wie auch häufig zu Verhaftungen und Straßenkämpfen. Rosa Luxemburg (1871–1919) zufolge kam der große Generalstreik Südrusslands im Sommer 1903 folgendermaßen zustande:

> Aus vielen kleinen Kanälen partieller ökonomischer Kämpfe und kleiner „zufälliger" Vorgänge floss er rasch zu einem gewaltigen Meer zusammen und verwandelte den ganzen Süden des Zarenreichs für einige Wochen in eine bizarre, revolutionäre Arbeiterrepublik. (GW 2, 108–109)

Da und dort werden Teilsiege errungen, unter anderem zum Achtstundentag, doch leider kommt es zu keinem allgemeinen Ergebnis. Rosa Luxemburg zitiert den Kommentar des Korrespondenten einer liberalen Zeitung, nämlich *Oswoboshdenije*:

> „Brüderliche Umarmungen, Rufe des Entzückens und der Begeisterung, Freiheitslieder, frohes Gelächter, Humor und Freude hörte man in der vieltausendköpfigen Menge, die vom Morgen bis Abend in der Stadt wogte. Die Stimmung war eine gehobene; man konnte beinahe glauben, dass ein neues, besseres Leben auf Erden beginnt." (GW 2, 109)

Diese Beschreibung trifft auf etliche Episoden dieser langen Geschichte des „Bürgerkriegs" um die Verkürzung der Arbeitszeit zu. Die emanzipatorischen Kämpfe sind trotz der Niederlagen, der Verhaftungen, der Opfer für einige Stunden, Tage oder Wochen besondere Zeiten im Leben der Unterdrückten, Tage des Feierns und der Freude, der vulkanartigen Ausbrüche von Freiheit, „messianische Unterbrechungen" der langen Kette der Herrschaft, würde Walter Benjamin sagen.

Im Januar 1905 treten in Sankt Petersburg 140.000 Arbeiter in den Streik. Die Verhandler aufseiten der Streikenden, oftmals aktive Sozialisten, erarbeiten eine proletarische Charta der bürgerlichen Freiheiten und nehmen darin als erste Forderung den Achtstundentag auf. Sie führen diese Charta mit sich, als am 22. Januar, angeführt vom Popen Gapon, 200.000 Arbeiter vor den Zarenpalast marschieren, bevor sie auf Befehl des Autokraten mit Maschinengewehrsalven niedergemetzelt werden.

Dies war der Beginn der Revolution von 1905, die ihren Höhepunkt mit den großen Streiks in den Monaten Oktober und November erreicht. Der Sowjet von Sankt Petersburg versucht den verpflichtenden Achtstundentag durch Streiks und Massenmobilisierung zu erreichen. Die Menschewiki halten diese Forderung für verfrüht. Das entspricht aber nicht der Meinung der Delegierten des Arbeiterrates. Rosa Luxemburg berichtet, was danach passierte:

> In den Monat Oktober fällt das grandiose Experiment Petersburgs mit der Einführung des Achtstundentags. Der Rat der Arbeiterde-

Die Revolution in Russland im Jahr 1917 stellt einen Wendepunkt innerhalb dieser langen Geschichte dar. Nach der Erhebung im Februar 1917 werden in Sankt Petersburg und in anderen Städten die Fabrikkommissionen geschaffen. Ihre erste Schlacht gilt der Kampagne für den Achtstundentag und der Bezahlung der Streiktage, die dem Sturz des Zaren vorausgegangen waren. Die Unternehmer widersetzen sich, doch nach der Oktoberrevolution verfügt die bolschewistische Regierung den Achtstundentag und die 48-Stunden-Woche.

Dieses Ereignis bildet den so sehr ersehnten Präzedenzfall, der bald ein internationales Echo erfahren sollte. Der Oktober 1917 hat ohne Zweifel dazu beigetragen, dem Kampf um den Achtstundentag allgemein Geltung zu verschaffen und quasi überall eine Gesetzgebung zur Verkürzung der Arbeitszeit durchzusetzen. Im Zuge der Revolutionen, die die Monarchien Mitteleuropas in den Jahren 1918 und 1919 beseitigten – Deutschland, Österreich, Ungarn –, gehört der Achtstundentag zu den ersten Errungenschaften der Arbeiter. In Italien stellt sich die Situation widersprüchlicher dar: Zwischen 1919 und 1920 führen die Industrie- und Landarbeiter von Nord nach Süd im ganzen Land Massenstreiks durch, die halb den Charakter von Aufständen haben. Die zwei Hauptforderungen, die oftmals aus lokalen Konflikten heraus gestellt werden, sind der Achtstundentag und Kollektivverträge. Aus dieser Zeit stammt ein berühmtes kommunistisches Lied zum Achtstundentag, in welchem sich die Arbeiter und Arbeiterinnen voller Spott an die Unternehmer wenden:

Si otto ore vi sembran poche, provate voi a lavorar
E troverete la differenza tra di comandar e di lavorar
E noi faremo como la Rusia, chi non lavora non mangera
E sqileremo il campanello, falce-martello trionfera.[11]

Interessant ist das Fallbeispiel Peru. Die anarchosyndikalistische Bewegung beginnt im Juni 1917 Streiks der Landarbeiter und Landarbeiterinnen für den Achtstundentag zu organisieren. Eine Demonstration von Landfrauen in der

11 „Wenn euch acht Stunden kurz vorkommen, dann versucht selbst zu arbeiten
Und ihr werdet den Unterschied zwischen Befehlen und Arbeiten bemerken
Und wir werden es machen wie in Russland: Wer nicht arbeitet, soll auch nicht essen
Und wir werden die Glocke läuten, Hammer und Sichel werden triumphieren."

Stadt Huacho wird mit Gewalt aufgelöst, die zwei Anführerinnen Irene Salvador de Lino und Manuela Díaz Chaflojo werden von der Polizei ermordet. Im Dezember 1918 sind es die Textilarbeiter und -arbeiterinnen in Lima, die für die „drei acht" mobilisieren. Die Regierung von Präsident Paredes beschließt, mit harter Hand darauf zu reagieren: Aufhebung von Freiheitsrechten, Verhinderungen von Demonstrationen durch die Polizei, Verhaftung von Anführern. Im Januar 1919 rufen die Arbeiter und Arbeiterinnen zum Generalstreik im ganzen Land und insbesondere in der Hauptstadt Lima auf, die komplett lahmgelegt wird. Unter Druck und von der Mobilisierung der Massen zum Zurückweichen gezwungen, verfügt die Regierung am 15. Januar 1919 den Achtstundentag. Dieses kleine, an der Peripherie der Welt gelegene und unterentwickelte lateinamerikanische Land wird so zu einem der ersten weltweit – ein wenig noch vor Frankreich und lange vor den Vereinigten Staaten –, das eine Gesetzgebung erlässt, welche die „drei acht" umsetzt.

Der „Bürgerkrieg" zwischen dem Kapital und der Arbeit um die Länge des Arbeitstags hat oftmals die Gestalt einer gewaltsamen Konfrontation angenommen. Eines der dramatischsten Beispiele hierfür war die bekannte „tragische Woche" im Januar 1919 in Argentinien. Im Dezember 1918 organisieren anarchosyndikalistische Aktivisten der FORA (*Federación obrera regional de Argentina* = regionale argentinische Arbeiterföderation) einen Streik in einer großen Metallfabrik in Buenos Aires. Sie fordern den Achtstundentag, eine Lohnerhöhung und Gesundheitsvorkehrungen. Am 7. Januar 1919 fallen vier Arbeiter einer Polizeiattacke zum Opfer. In Buenos Aires und mehreren anderen Städten kommt es darauf zum Generalstreik. Die gemäßigtere Strömung der FORA sieht sich genötigt, sich der Bewegung anzuschließen, und am 9. Januar trägt eine Menge von etwa 200.000 Menschen die vier toten Arbeiter zu Grabe. Wiederum schießt die Polizei. Diesmal kommt es zu etwa zehn Toten und Hunderten von Verletzten. In der Stadt werden Barrikaden errichtet, Kirchen und Kommissariate werden angegriffen, Waffenlager werden geplündert, und es wird versucht, die Fabrik, mit der alles begann, in Brand zu stecken. Am 11. Januar ruft der „radikale" Präsident Irigoyen die Armee dazu auf, „die Ordnung wiederherzustellen". Von den Militärs unterstützt oder zumindest geduldet, bilden sich faschistoide bewaffnete Banden von Söhnen aus gutem Hause unter der Bezeichnung patriotische argentinische Ligen. Eine dieser Ligen steht unter dem Kommando eines Vizeadmirals. Diese Banden sollten völlig straffrei ein wahres Pogrom – das einzige in der Geschichte Lateinamerikas – gegen Once, das jüdische Viertel von Buenos Aires entfesseln. Man beschuldigt die Juden, russische Agenten im Dienst des Bolschewismus zu sein. Synagogen, Gewerkschaftshäuser, Redaktionsgebäude von Arbeiterzeitungen, Volksbibliotheken und Genossenschaften werden in Brand gesteckt und Hunderte von Juden ermordet. Zwischen siebenhundert und tausend Tote – das ist die Bilanz der „tragischen Woche".

Zur Mitte des Jahres 1920 taucht eine neue Forderung auf, die ebenfalls die freie Zeit der Arbeiter betrifft. Es handelt sich um eine Forderung, die man zu Zeiten von Marx noch nicht kannte, nämlich die nach *bezahltem Urlaub*.

Im Jahr 1926 formuliert die CGT auf ihrem Kongress das Prinzip von bezahltem Urlaub. Im Jahr 1936 erringen die Arbeiter nach dem Sieg der Volksfront bei den Parlamentswahlen und vor allem nach Massenstreiks in ganz Frankreich zwei Wochen bezahlten Urlaub. Dies ist auch der historische Augenblick eines neuerlichen Fortschritts hinsichtlich der Arbeitszeitverkürzung: Die Vierzigstundenwoche wird eingeführt.

Die Forderung nach Verkürzung der Arbeitszeit war oftmals mit dem Kampf gegen die Arbeitslosigkeit verbunden. Genau diesen Angriffspunkt hat Trotzki gewählt, als er im Jahr 1938 sein Übergangsprogramm formulierte, mit dessen Hilfe er die größtmöglichen Massen von Arbeitern um konkrete Forderungen herum zusammenschweißen wollte, die letztlich im Widerspruch zu den Grundlagen des Kapitalismus selbst stehen.

Der Abschnitt des Programms, der die Arbeitsstunden betrifft, hat folgenden Wortlaut:

> Wenn das Proletariat sich nicht selbst dem Verfall aussetzen will, dann darf es nicht zulassen, dass eine wachsende Anzahl von Arbeitern zu chronisch Arbeitslosen, zu Elenden gemacht wird, die von den Almosen einer zerfallenen Gesellschaft leben. Das *Recht auf Arbeit* ist das einzige ernst zu nehmende Recht, das der Arbeiter in einer auf Ausbeutung gegründeten Gesellschaft hat. Doch wird ihm dieses Recht auf Schritt und Tritt genommen. Es ist an der Zeit, dass man gegen „strukturelle" wie auch „konjunkturbedingte" Arbeitslosigkeit mit der Losung der öffentlichen Arbeit auch die der *gleitenden Arbeitszeit* ausgibt. Die Gewerkschaften und andere Massenorganisationen müssen die Arbeitenden mit den Arbeitslosen durch die *gegenseitige* Verantwortlichkeit der Solidarität verbinden. Die vorhandene Arbeit

> wird auf alle vorhandenen Arbeiter verteilt und die Dauer der Arbeitswoche entsprechend festgelegt. Der Durchschnittslohn jedes Arbeiters bleibt der gleiche wie bei der alten Arbeitswoche. Die Löhne folgen der Preisentwicklung bei einem fest garantierten *Minimum*. Für die jetzige Katastrophenperiode ist es unmöglich, irgendein anderes Programm anzunehmen. (Trotzki 1974, 15–16)

Auf diese Forderung wird man im Lauf des 20. Jahrhunderts unter der Bezeichnung „Arbeit teilen" – ein zweideutiger Ausdruck, der Anlass zu Missverständnissen gibt – noch öfter stoßen. Die einzige Grenze, an die diese Forderung stößt, ist, dass sie nicht für Konjunkturverläufe relativer Vollbeschäftigung geeignet ist.

Nachdem der Achtstundentag ab 1939 in den meisten Ländern durchgesetzt worden war, scheint die Forderung nach Arbeitszeitverkürzung an Dringlichkeit einzubüßen. Lange Zeit über spielt sie keine vorwärtstreibende Rolle mehr in den Arbeitskämpfen. Erst gegen Ende des 20. Jahrhunderts gibt es neuerliche Kämpfe und Erfolge auf diesem Gebiet. Viel Zeit war auf dem Weg zum Reich der Freiheit hin vergeudet worden …

Wie ist dieser lange Stillstand zu erklären? Es scheint, als ob eine gläserne Decke die weitere Mobilisierung für die Arbeitszeitverkürzung über die „drei acht" hinaus begrenzen würde. Ist das die Schuld der Gewerkschaftsbürokratie, der sozialistischen und kommunistischen Parteiapparate? Oder hat die Mehrheit der Arbeiter die acht Stunden als „Normalarbeitstag" verinnerlicht? Jedenfalls scheint die Verkürzung der Arbeitszeit etliche Jahrzehnte außer Sichtweite der proletarischen Mobilisierung zu geraten. Das ist umso erstaunlicher, weil während all dieser Jahre harte soziale Kämpfe und heftige Streiks stattfinden.

In Frankreich werden dank des beträchtlichen Einflusses der Gewerkschaften, der Linken und insbesondere der kommunistischen Partei unmittelbar nach der Befreiung (1944–1947) zahlreiche soziale Maßnahmen ergriffen: Verstaatlichung großer Unternehmen und Beteiligung der Lohnabhängigen an deren Führung (Unternehmenskomitees), Einrichtung der Sozialversicherung, Regelung des öffentlichen Dienstes und Aufnahme des Streikrechts in die Präambel der Verfassung. Nichts dagegen im Hinblick auf den Arbeitstag …

Ja schlimmer noch: Die Vierzigstundenwoche der Volksfront findet in den Nachkriegsjahren keine Anwendung mehr!

Es dauert bis zum Generalstreik vom Mai 1968, bis man vier Wochen bezahlten Urlaub und die *schrittweise* Rückkehr zur Vierzigstundenwoche erreicht, die bereits 1936 erkämpft worden war …

Erst im Jahr 1982, während der kurzen „sozialen" ersten Amtszeit von Präsident Mitterand, kommt es mit der 39-Stunden-Woche und den fünf Urlaubswochen zu begrenzten Fortschritten. Dann muss man wieder fast zwanzig Jahre (bis 1998) auf einen neuen Schritt vorwärts warten, nämlich bis zum Aubry-Gesetz[12] über die 35-Stunden-Woche.

Zum letzten Punkt ein paar Worte: Michel Husson und Stéphanie Treillet machen in einem Artikel darauf aufmerksam, dass das Aubry-Gesetz „unter sozial unbefriedigenden Umständen gemacht wurde, dass es aber absurd wäre, es als ‚gegen die Wirtschaft gerichtet' zu verwerfen. Tatsächlich sind alle in den letzten beiden Jahrzehnten im Privatsektor geschaffenen Nettoarbeitsplätze mit dem Übergang zur 35-Stunden-Woche entstanden" (Husson/Treillet 2014).

Wenn die 35-Stunden-Woche viele Arbeiter enttäuscht hat, dann deshalb, weil die „damaligen Modalitäten die Existenzbedingungen breiter Schichten der Lohnabhängigen verschlechtert haben", insbesondere aufgrund der Arbeitsverdichtung und des Einfrierens der Löhne. Überdies bemerken die Autoren des Beitrags:

> Der Teufel steckt oft im Detail, und man könnte andere Umstände anführen, die den Effekt der 35-Stunden-Woche auf die Beschäftigungslage geschwächt haben, insbesondere den Umstand, dass sie nicht auf kleine Unternehmen ausgedehnt wurde und dass der Rückgriff auf Überstunden nicht begrenzt wurde. Es ist bekannt, dass die an die Macht zurückgekehrte Rechte, da sie die 35-Stunden-Woche, die trotz allem als eine Errungenschaft gilt, nicht zurücknehmen konnte, sich in genau diesen Spalt hineingezwängt hat, um den Begriff der gesetzlichen Arbeitszeit selbst zu umgehen. (Husson/Treillet 2014)

12 Benannt nach der französischen Arbeitsministerin Martine Aubry; d. Übers.

Leider hat die „Linke" unter Hollande im Wesentlichen denselben Weg eingeschlagen … Husson und Treillet ziehen daraus die Schlussfolgerung, dass eine echte Arbeitszeitverkürzung, die imstande ist, Beschäftigung zu schaffen, „nur unter der Kontrolle der Lohnarbeiter selbst stattfinden kann, deren Aufgabe es wäre, nicht nur die wirkliche Schaffung von Arbeitsplätzen zu überprüfen, sondern eine Einstellungsplanung zu entwerfen, die nicht zwangsläufig die einfache Blaupause der anfänglichen Struktur von Arbeitsplätzen wäre, sondern den effektiven Bedürfnissen, der relativen Not und der Notwendigkeit Rechnung trüge, die prekäre Beschäftigung zu beseitigen." (Husson / Trellet 2014)

Aus dieser Perspektive der „Kontrolle von unten" stellt die Arbeitszeitverkürzung das Mittel dar, ohne noch mehr Wachstum des Bruttoinlandsproduktes massiv Beschäftigung zu schaffen und die sozialen Bedürfnisse zu befriedigen. Sie stellt also einen Bruch mit dem Produktivismus und der bürgerlichen Wachstumsideologie dar.

Zum Abschluss dieses Kapitels noch ein Wort über die freie Zeit, die Zeit der Erholung und des Vergnügens, wie sie einer der Kämpfer um die Arbeitszeitverkürzung genannt hat.

William Morris, ein marxistischer und libertärer Künstler, Poet und Revolutionär sowie Autor des utopischen Romans *Kunde von nirgendwo* (im englischen Original: *News from Nowhere*) schrieb in einem Artikel aus dem Jahr 1885 folgende Worte, die anderthalb Jahrhunderte später immer noch nichts an Aktualität eingebüßt haben:

> Das fast theologische Dogma von der Arbeit als einer Wohltat für den Arbeiter, egal, unter welchen Umständen, ist heuchlerisch und falsch; […] Die Arbeit ist gut, wenn sie mit der legitimen Hoffnung auf Erholung und Vergnügen verbunden ist.

Wie Marx kennt auch Morris das „Reich der Notwendigkeit", doch wie der Autor von *Das Kapital* bemerkt er, dass die notwendige Arbeit in einer Gesellschaft, die sich von der Tyrannei des Kapitals befreit hat, „nur noch einen kleinen Teil des Tages in Beschlag nehmen und keine Last mehr sein wird". Der Rest des Tages, die freie Zeit, wird der Erholung und dem *Vergnügen* gewidmet sein, konkret dem „körperlichen und geistigen, wissenschaftlichen und künstlerischen, sozialen und individuellen Vergnügen […] zu unserem eigenen Genuss und dem unserer Nächsten". Doch diese neue Gesellschaft wird nicht „auf sanfte Weise" erreicht. Um sie zu etablieren, wird ein harter und unaufhörlicher Kampf gegen „die Ungerechtigkeit und die Verrücktheit" nötig sein, die in der kapitalistischen Gesellschaft herrschen. (Morris 1885, 48–50; 60–61)[13]

13 Dieser Artikel wurde in der Zeitschrift der *Socialist League* veröffentlicht, einer von William Morris mit Unterstützung durch Eleanor Marx, der jüngsten Tochter von Karl Marx, und Friedrich Engels gegründeten Organisation.

IV. Die Auseinandersetzung um die Arbeitszeit im 21. Jahrhundert

Zu Beginn des 21. Jahrhunderts, als im Jahr 1989 das mit der russischen Revolution von 1917 angebrochene politische Jahrhundert beendet worden und unter den Trümmern der Berliner Mauer versunken war, konnte sich das Reich der Nicht-Freiheit weltweit ausbreiten. Das Kapital war die bürokratischen Regime des Ostens losgeworden, die ein Hindernis für seine totale Durchsetzung dargestellt hatten, und konnte von dieser Situation profitieren, um seine Herrschaft über den ganzen Globus hinweg auszudehnen. Seither hat der Diebstahl an Arbeitszeit zu Lasten der Lohnabhängigen die Ausmaße eines Raubzugs angenommen. Natürlich stieß dieser Kreuzzug der Aneignung von Zeit auf zahlreichen Widerstand. Robin Hoods bewaffnete Gesellen jeglicher Art ließen nicht davon ab, den Reichen zu nehmen, um den Armen zu geben. Da und dort wurden sie aktiv, es gab einige Sherwood Forests, die die Waffen nicht streckten, und die Plätze der großen Metropolen füllten sich plötzlich durch zornige Kundgebungen. Doch trotz aller Begeisterung, allen Mutes und aller Dynamik ist es diesen Mobilisierungen bis heute nicht gelungen, die systematische Beschneidung unserer Zeit zu stoppen.

Das Reich des Kapitals hat von der Welt in einer zuvor nie gekannten Weise Besitz ergriffen. Doch selbst in dieser Position der Stärke steht das System unter dem Druck einer endemischen Wirtschaftskrise, die es von innen her zerfrisst und es dazu treibt zu verkaufen, um zu verkaufen, die es zu Überproduktion und Überakkumulation von Waren zwingt, die weder zahlungsfähige Käufer noch Märkte findet. Diese Krise erlebte mit dem Finanzcrash des Jahres 2008, der sich bereits im Sommer 2007 durch einen ersten Schock ankündigte, eine spektakuläre Zuspitzung. Die Profitmaschine hatte plötzlich keinen Saft mehr. Was kostengünstigen Treibstoff betrifft, stellt die menschliche Arbeitskraft für die Marktwirtschaft immer noch die Lagerstätte schlechthin, die am reichsten sprudelnde Quelle von Gewinn dar, sofern man sie voll ausschöpft. Der goldrauschartige Wettlauf um die Zeit wurde seither in schönster Weise wieder aufgenommen, denn der Mehrwert ist letztlich nichts anderes als Arbeitszeit, die denen gestohlen wird, die, damit sie leben können, gezwungen sind, ihre – körperliche oder geistige – Arbeitskraft zu verkaufen. Im Bewusstsein dieses strukturellen Sachverhalts haben die Herren über die bezahlte Zeit beschlossen, die Uhren umzustellen, die Zeiger am Ziffernblatt der Arbeit zu ihrem Vorteil mit allen Mitteln zurückzudrehen und sich eines jeden möglichen Augenblicks zu bemächtigen.

Als Karl Marx vorgeschlagen hat, die Bezahlung der Arbeiter am echten Wertzuwachs zu messen, den ihr Geschick den Gütern und Dienstleistungen verleiht, hat er bereits im 19. Jahrhundert die Auspressung deutlich gemacht, der die Lohnabhängigen Tag für Tag zum Opfer fallen. Ihm zufolge handelt es sich um eine tägliche Unterschlagung von durchschnittlich einem halben Arbeitstag. Sobald die Proletarier also diese tägliche Schwelle überschritten haben, arbeiten sie ab diesem Zeitpunkt gratis für die Kapitalisten, die ihrerseits diese Mehrarbeit, diese Gratisarbeit also, in Mehrwert, in Profit und Dividenden umwandeln. Wie im 19. Jahrhundert zu Zeiten von Marx beschränkt sich das Kapital nicht darauf, den Lohnabhängigen im Rahmen der gesetzlichen Dauer der Arbeitszeit oder über die Pausen Zeit abzupressen. Es führt auch umfassend Buch über die Minuten, die Stunden, die Jahre insgesamt.

Heute hat sich diese Offensive verallgemeinert. Sie erstreckt sich über viele Bereiche, von der Selbstverständlichkeit der Sonntagsarbeit bis zur Verschiebung des gesetzlichen Renteneintrittsalters. Sie nimmt solche Ausmaße an, dass sich die globale Tendenz zur Verkürzung der Arbeitszeit, die man über mehr als anderthalb Jahrhunderte auf der ganzen Welt beobachten konnte, nach und nach umzukehren scheint, obwohl sie unausweichlich zu sein schien.

Tatsächlich haben es im Verlauf von mehr als hundert Jahren die neuen, mit der Industrialisierung und dann mit der Hyperindustrialisierung verbundenen Technologien wie Kybernetik, Robotersierung, usw. ermöglicht, Zeit zu sparen, und zwar in erster Linie bei den Produktionsverfahren von Gütern und Dienstleistungen. Zudem hat die Zunahme der Löhne die Selbstständigen, die mehr arbeiten als die Lohnarbeiter, zu einer Randgruppe gemacht. Logischerweise hat die Arbeitszeit in dieser Periode abgenommen. Aus all diesen Faktoren ergab sich diese unbestreitbare Tatsache. Unter dem Druck der Mobilisierung der Volksmassen hat sich in Frankreich die Arbeitszeit im

Lauf von anderthalb Jahrhunderten halbiert. Im Vergleich zu 3.000 Arbeitsstunden im Jahr 1830 betragen die jährlichen Arbeitsstunden heute 1610. Nach dem Zweiten Weltkrieg nahm diese Entwicklung sogar ein gleichmäßiges Tempo an. Die Arbeitszeit sank etwa um 1 % im Jahr. INSEE (Institut nationale de la statistique et des études) zufolge nahm die Arbeitszeit in den entwickelten Ländern in den letzten sechzig Jahren im Schnitt um 25 % ab. Diese Abnahme war bis Mitte der Achtzigerjahre überall zu verzeichnen. Danach trat eine deutliche Stabilisierung ein. Es handelt sich dabei deshalb um kein Phänomen eines wirtschaftlichen Automatismus, und die Arbeitszeit ist vor allem die konkrete Ausdrucksgestalt des Kräfteverhältnisses zwischen den sozialen Klassen. Die durch die entsprechenden Kämpfe durchgesetzten Errungenschaften hinsichtlich des Achtstundentags, der Rente oder des bezahlten Urlaubs haben deshalb eine entscheidende Rolle für diese Entwicklung gespielt. Zudem muss man feststellen, dass in Frankreich die jahrzehntelange Abnahme des Angebots an Arbeitskraft ebenso wie die Zunahme der – vor allem den Frauen aufgenötigten – Teilzeitarbeit gleichfalls zu dieser Entwicklung beigetragen haben.

Auf dem Kipppunkt? Diesen Prozess zu stoppen und auf diese Weise einen Rückwärtsgang einzulegen ist angesichts der Breite der bestehenden Bewegung keine Kleinigkeit. Dennoch ist dies das finstere Vorhaben, das die Marktwirtschaft heute ins Werk zu setzen versucht. Ohne Hemmungen dreht sie die Zeit zurück, im Norden wie im Süden, im Osten wie im Westen. In den armen oder den Entwicklungsländern kann man diese Rückkehr zu alten Zeiten mit bloßem Auge sehen. Die Arbeitsbedingungen des Proletariats erinnern an die der Arbeitswelt im Europa des 19. Jahrhunderts: zwölf Arbeitsstunden pro Tag in Indonesien oder auf den Philippinen; 14 Arbeitsstunden in Sri Lanka; 16 Arbeitsstunden in Südchina, wo die Arbeiter in zahlreichen Fabriken der Elektronikindustrie bis zur Erschöpfung malochen, usw. Das seltene Gegenbeispiel in dieser Hinsicht kommt aus Bolivien, einem der ärmsten Länder der Welt, wo die Regierung unter Evo Morales die 35-Stunden-Woche eingeführt hat. Das heißt: Man muss nicht warten, bis ein Land reich, industrialisiert und digitalisiert ist, um die Verkürzung des Arbeitstags in Angriff zu nehmen …

Der Globus hat Freihandelszonen und *maquiladoras* im Überfluss. Die Riesenwerkstätten von Herstellern und Zulieferern der kapitalistischen Mondialisierung sind Zonen der Rechtlosigkeit, die in die Tausende gehen. Da unten regen sich Millionen kleiner emsiger Hände und sorgen in Namenlosigkeit und Elend für den Erfolg der großen westlichen Marken. Die Arbeiter und häufig Arbeiterinnen knien sich, ohne nachzulassen, vor Fließbändern oder in schmutzigen Werkstätten in ihre Pflichterfüllung hinein. Aus Gründen der „Bequemlichkeit" lebt die Arbeitskraft meistens vor Ort, ohne Ruhetag oder Urlaub, und für die schwangeren Frauen gibt es nicht einmal Mutterschutztage. Die Kinderarbeit ist hier wie bei uns im 19. Jahrhundert gang und gäbe. Kinder von sechs bis 14 Jahren leisten 64-Stunden-Wochen in den Textilfabriken in Bangladesch ab, während ein 13-jähriges Kind in China bis zu 16 Stunden am Tag um einen Stundenlohn von $ 0,7 arbeiten kann – all das, damit die Displays unserer Smartphones uns über das am Laufenden halten, was in der Welt passiert. Oder beinahe. Die europäische Arbeiterbewegung verschließt nicht die Augen, doch allzu häufig betreibt sie bloß Nabelschau. Das geht so weit, dass sie den Internationalismus vergisst, der es ihr möglich machte zu begreifen, dass die Arbeiterklasse, die jenseits unserer Grenzen stirbt, auch unsere Arbeiterklasse ist, und dass für sie die Frage der Arbeitszeit im wahrsten Sinn des Wortes eine Frage auf Leben und Tod ist. Zudem holt uns dieses Thema nach und nach auch im Norden ein, denn das Kapital will sich nicht mehr bloß auf die Reserve billiger Handarbeit beschränken, die ihr der Süden bereitstellt, so sehr diese auch im Überfluss vorhanden ist. Das ist der Grund, warum die liberale Politik uns unablässig die Hymne vorspielt: „Mehr arbeiten, um mehr zu verdienen!" Und dies schon seit mehr als zwanzig Jahren. Und indem sie diese Melodie der politischen Klasse vorspielten, ist es ihnen gelungen, uns unzählige Zeiteinheiten wegzunehmen: Verlängerung der gesetzlichen Dauer der Arbeitszeit, und zwar sowohl der wöchentlichen als auch des Arbeitstages, Verschiebung des Renteneintrittsalters um mehrere Jahre, selbstverständliche Nachtarbeit, Verallgemeinerung der Sonntagsarbeit, wobei die Tätigkeit an Sonntagen nach und nach zur Regel gemacht wird, da diese „Ausnahme" bereits einen von drei Lohnarbeitern betrifft. Während man in Frankreich bis zum Jahr 1909 warten musste, bis endlich nach zahlreichen dramatischen Entwicklungen in der Arbeitswelt und mächtigen sozialen Mobilisierungen ein Gesetz die Arbeitszeit auf täglich acht Stunden festschrieb, erlauben es die Gesetze aus der jüngeren Zeit, den Arbeitstag auf zwölf Stunden auszudehnen. All das im Namen des Fortschritts.

Die Marketingexperten, die die Macht umgeben, schrecken nicht davor zurück, mit widersprüchlichen Begriffen zu jonglieren, und verstehen es, einen großen Sprung der Gesellschaft in die Vergangenheit als ein außerordentliches Unterpfand der Zukunft darzustellen. So stellt der Slogan der Arbeitgeber, der in einer Endlosschleife durch den Äther ertönt: „Die Arbeit ist die Gesundheit!" ein fernes Echo des düsteren Propagandaministers aus George Orwells Roman *1984* dar, der verkündete: „Der Krieg ist der Friede; die Freiheit ist die Sklaverei; die Dummheit ist die Stärke." Die Fernsehsendungen walzen diesen Gedanken den ganzen lieben Tag lang aus, und die kundigen Leitartikel entschlüsseln ihn. Das Wörterbuch der Macht ist reich an Adjektiven, wenn es darum geht, uns zu erläutern, dass die Arbeit unser Heil ist. Die Arbeiter wären nicht länger Lasttiere, sondern „Akteure des Lebens des Unternehmens". Technischer Fortschritt und Errungenschaften der Medizin würden es nach Berechnungen von irgendwelchen klugen „Spezialisten" möglich machen, fünfzig Stunden pro Woche zu arbeiten, und die Rentner würden unablässig immer älter werden, bis man uns allen ein Leben als Hundertjährige in Aussicht stellt. Dennoch sind nach allgemeiner Auffassung Unzufriedenheit bei der Arbeit und Berufskrankheiten die großen Geißeln des 21. Jahrhunderts. Die Arbeit tötet: In Frankreich erleiden jährlich fünfhundert Menschen einen Unfall an ihrem Arbeitsplatz. Ein Mensch pro Tag begeht aufgrund seiner Arbeitssituation Selbstmord. Die Nachtarbeit vervielfacht das Krebsrisiko, wobei der Zeitschrift *Cancer Epidemology, Bookmakers & Prevention* zufolge die Frauen ein um 19% höheres Risiko tragen. Die Nicht-Arbeit tötet ebenfalls: Einer Studie von INSERM (Institut national de la santé et de la recherche medicale) aus dem Jahr 2015 zufolge stehen mehr als zehntausend Todesfälle pro Jahr in Verbindung mit Arbeitslosigkeit, mit Depressionen, Einsamkeit, Suiziden und Krankheiten, die diese Situation hervorrufen kann. Die Lebenserwartung in guter Gesundheit sinkt. 2008 betrug sie 62,7 Jahre für Männer und 64,6 Jahre für Frauen, im Jahr 2010 nur noch 61,9 bzw. 63,5 Jahre. Die Lebenserwartung ab der Geburt, das heißt die Lebenserwartung im engeren Sinne, nimmt schließlich ebenfalls ab, und zwar zwischen 2014 und 2015 um 0,3 (Männer) bzw. 0,4 (Frauen) Jahre. Das hat es in Frankreich seit 1960 nicht mehr gegeben. Doch diese gesellschaftlichen Alarmzeichen stört die Argumentation der herrschenden Klasse überhaupt nicht. Sie beharrt hartnäckig darauf, dass uns ein längeres Arbeitsleben vor dem Schlimmsten bewahren würde.

So kehrt sich ohne großes Aufsehen die allgemeine Tendenz der Verkürzung der Arbeitszeit ins Gegenteil um. Diese Aneignung der „verlorenen" Zeit durch das Kapital geht darüber hinaus mit einer Intensivierung des

Entfremdungsprozesses einher, der am Arbeitsplatz selbst entsteht und sich dann darüber hinaus fortsetzt. Es ist so, als ob die Entfremdung durch Lohnarbeit die Arbeiter nicht „loslässt" und ihnen immer mehr an der Haut klebt. Wenn der „in Verantwortung eingesetzte" Angestellte seinen Arbeitsplatz verlässt, nimmt er seine Arbeitslast mit und beteiligt sich an der Überausbeutung, wobei er bereits an eine effektivere Art denkt, sich selbst am nächsten Tag auszubeuten. In diesem Stadium schmilzt die Barriere zwischen freier und entfremdeter Zeit wie Schnee in der Sonne hinweg. Diese Entwicklung erfasst unbemerkt das tiefste Innere eines jeden Arbeiters. Sie erschüttert das Gefüge anthropologischer Gegebenheiten und verändert die Beziehung des Menschen zu seiner wirtschaftlichen und sozialen Umwelt ebenso wie zu den Maßstäben der Zeit. Der Arbeiter verliert sein Leben gerade weil er es gewinnen will.

In dieser Situation können die Wege der Emanzipation und Freiheit diesem allmächtigen Feind nur schwer ausweichen. Im Reich der Nicht-Freiheit liegt die Lösung weder im „Ende der Arbeit" noch in individueller Flucht. Die individuelle Flucht fällt in den Glauben zurück, dass die Emanzipation da beginnt, wo die individuelle Lohnarbeit aufhört, selbst im Rahmen einer weiterbestehenden kapitalistischen Gesellschaft. Wenn nun aber die Abschaffung der Lohnarbeit eine der notwendigen Bedingungen ist, um die Fundamente der Herrschaft des Kapitals zu untergraben, dann nur als eine kollektive Transformation der ganzen Gesellschaft im Sinne einer neuen Gesellschaftsordnung, die einem jeden von uns zugute kommt und auf einem Verhältnis zur Arbeit gründet, das von Entfremdung und Ausbeutung befreit ist. Fehlt eine solche radikale Veränderung der Spielregeln, dann kann sich die persönliche Ausweichstrategie nicht auf alle erstrecken und führt faktisch dazu, das Prekariat zu verallgemeinern, indem sie diesem Status eine Bedeutung verleiht, die ihm nicht zukommt. Denn die berufliche Selbstständigkeit oder die individuelle Befreiung von einem Arbeitgeber gedeiht nicht mehr in der Warteschlange einer Agentur für eine befristete Arbeit als in einer Fabrikhalle.

Das „Ende der Arbeit" verbindet sich mit dem Diskurs, der vorgibt, dass die Entwicklung der Automatisierung und der Informatik die Beschäftigung zurückdrängen und auf diese Weise die Arbeitslosigkeit unvermeidlich machen wird. Wenn man aber dieser ideologischen Hypothese anhängt, dann heißt das, den Wolf in den Schafstall zu lassen. Selbst wenn man meint, hier den politischen Anlass zur Solidarität zu finden, indem man zum Beispiel die

Vorteile des allgemeinen Grundeinkommens[14] preist – „Da die Vollbeschäftigung nun unmöglich ist, muss der Staat jedem ein Mindesteinkommen garantieren." Diese Tendenz führt die Arbeiterbewegung auf vermintes Gelände. Sie läuft Gefahr, dass sich die Diagnose wie ein bösartiger Bumerang gegen den Vorschlag selbst wendet. Denn diese Analyse macht aus einer liberalen Prophezeiung einen unüberschreitbaren Horizont, auf dem nicht nur das Recht auf Beschäftigung vom Radar verschwunden ist, sondern auf dem die von der Entfremdung befreite Zeit selbst gegen das Recht auf eine Erlaubnis eingetauscht wird, mittels einer Bezahlung, die sich plötzlich als lächerlich herausstellt. Wir fordern also die wirkliche Freiheit, keine bedingte Freiheit, deren Grundlage die Aufsicht des Unternehmertums und die finanzielle Abhängigkeit vom Staat ist. Die Entfremdung durch den Staat ist nicht die Alternative zur Entfremdung der Lohnarbeit. Im Grunde wiegen beide gleich. Die Forderung, dass die Gesellschaft allen einen umfassenden sozialen Schutz gegen die schlimmen Auswirkungen des Kapitalismus garantiert, ist legitim. Und es ist eine Frage der sozialen Gerechtigkeit, wenn man für alle jungen Menschen unter 25 Jahren eine Beihilfe für Selbstständigkeit und Studium einklagt, die es ihnen ermöglicht, sich auf ihre Ausbildung zu konzentrieren, ohne gezwungen zu sein, zur Finanzierung ihres Studiums zu arbeiten. Ein Gesetz zu fordern, das die Entlassungen verbietet und damit einen neuen Zweig der Sozialversicherung einführt, die jedem lohnabhängig Beschäftigten im Falle von Unternehmensschließungen den Erhalt seines Lohnes und seiner Qualifikation mittels eines Fonds garantiert, der sich aus den Profiten der größten Unternehmen speist, ist ein Akt einer gesunden öffentlichen Politik. Gleichermaßen legitim ist es, den Status der Kurzzeitbeschäftigten für schauspielerische Aktivitäten, Theater oder Kino zu verteidigen und den Vorschlag zu machen, diesen Status auf andere Berufe auszudehnen.

Es ist deshalb nicht notwendig, hinter den Spiegel zu gehen und in die Falle zu tappen, die darin besteht, dass man die sozialen Errungenschaften gegeneinander ausspielt, insbesondere das Recht auf Arbeit und das auf freie Zeit. Warum sollte man einer fehlgeleiteten liberalen Analyse eine solche soziale Glaubwürdigkeit bescheinigen? Was zum Beispiel beweist, dass in den nächsten beiden Jahrzehnten jeder zweite Arbeiter tatsächlich durch Auto-

14 Im deutschen Sprachraum wird diese Diskussion unter dem Stichwort „Bedingungsloses Grundeinkommen" (= BGE) geführt; d. Übers.

matisierung überflüssig wird, wie die Verfechter des „Endes der Arbeit" behaupten? In einem Artikel unter dem Titel *Le monde merveilleux du revenue universel* („Die wunderbare Welt des allgemeinen Einkommens") warnt uns Michel Husson vor diesen keinen Widerspruch duldenden Predigten (Husson 2016 b). Er erinnert uns daran, dass die Produktivitätszuwächse in Wirklichkeit eher tendenziell stagnieren, in den entwickelten oder sich entwickelnden Ländern sogar sinken. Ein wirklich anständiges Einkommen, das heißt, ein Einkommen, das mehr ist als ein Almosen, festzusetzen erfordert ein mindestens ebenso entwickeltes Kräfteverhältnis gegenüber der Kapitalistenklasse wie die gleiche Verteilung der Arbeitszeit unter allen. Die Wirtschaftskrise ist allzu zugespitzt, als dass sich die herrschende Klasse ein Niemandsland im Krieg gegen die Arbeit erlauben würde. Deshalb wird der geringste soziale Fortschritt als ein nicht hinnehmbarer Schaden für die Profitrate, ob nun in Zeit oder Geld gemessen, empfunden.

Wenn es darum geht, die Situation der überwiegenden Mehrheit konkret zu verbessern, so geht dies auch, ohne unsere Rechte aufzuspalten; vielmehr gilt es, die Standarte der Umverteilung von Reichtümern und von Arbeitszeit kraftvoll aufzurichten. Die Verkürzung der Arbeitszeit ist es wert, aus ihrer Asche emporzusteigen und inmitten der Arbeiterbewegung voller Stolz wieder in ihr Recht gesetzt zu werden, auch wenn deren unzulängliche Umsetzung durch das Aubry-Gesetz von 2002 auf Kosten der Anstellungen und der Löhne bei den Arbeitern eine so schlechte Erinnerung hinterlassen hat, dass damit beinahe die Idee selbst in Misskredit geraten ist. Im Januar 2018 hat die deutsche IG Metall für eine Arbeitswoche von 28 Stunden geworben. Auch wenn dieser Vorschlag von den Schlagseiten des Aubry-Gesetzes nicht ganz frei ist, kommt ihm zumindest das Verdienst zu, das Thema ohne Umschweife wieder auf die Tagesordnung gesetzt zu haben.

Denn in einer Zeit der Massenarbeitslosigkeit ist die Verkürzung der Arbeitszeit von dringlicher Aktualität, wenigstens im Sinne der Aufteilung der Arbeitszeit unter allen. Die herrschende Meinung stößt gellende Schreie aus, sobald der Begriff Arbeitszeitverkürzung auch nur ausgesprochen wird, und verkündet weiterhin widerspruchslos in den Medien ihre unerbittliche Logik, derzufolge diejenigen, die eine Anstellung haben, gezwungen werden, länger und schneller zu arbeiten, und das Ganze bei geringerer Bezahlung, während zugleich Millionen Menschen auf Arbeitssuche sind. Wenn man die Beschäftigung vermehren muss, warum soll man sie dann auf denselben Schultern abladen? Warum nicht die Arbeitszeit unter allen aufteilen, indem man sie innerhalb der Unternehmen deutlich reduziert, damit diejenigen, die draußen stehen, in den Genuss einer Anstellung kommen? Michel Husson präsentiert, gestützt auf die offiziellen Zahlen, eine Rechnung, die nachdenklich machen sollte: „In Frankreich erforderte im Jahr 2014 die gesamte Produktion 40,2 Mrd. Arbeitsstunden. Die Zahl der Beschäftigten, die diese Produktion leisteten, betrug 27,7 Mio., das heißt auf jeden entfiel eine jährliche Arbeitszeit von 1452 Stunden. […] Doch man kann dieses Volumen auch auf die gesamte erwerbsfähige Bevölkerung beziehen, das heißt auf alle Menschen, die angestellt oder arbeitslos sind. Das wären dann 30,7 Millionen Menschen, also 27,7 Millionen mit einer Arbeitsstelle und drei Millionen Arbeitslose. Auf der Grundlage dieser offiziellen Zahlen könnte man auf diese Weise die Arbeitsdauer bei Vollbeschäftigung errechnen, die dann 1309 Arbeitsstunden pro Jahr ergibt." (Husson 2016 a) Das heißt: Eine Arbeitszeitverkürzung um 10% „würde die Arbeitslosigkeit in Frankreich beseitigen". Quod erat demonstrandum, was zu beweisen war. Zudem ist es allgemein bekannt, dass die offiziellen Zahlen die wirkliche Zahl der Arbeitslosen zu gering veranschlagen. Wenn man alle beim Arbeitsamt existierenden Kategorien von A bis E ebenso hinzufügt wie die Überseegebiete und die aus unterschiedlichen Gründen aus der Statistik Entfernten, dann beträgt die wahre Zahl der Arbeitslosen in Frankreich eher sechs als drei Millionen. Eine echte Aufteilung der Arbeitszeit hätte also eine Arbeitszeitverkürzung zur Voraussetzung, die deutlich über 10% liegt. Aus dieser Perspektive markiert die „gerechte Höhe" der Arbeitszeit die Schwelle, ab der jedem Menschen das Recht auf Arbeit garantiert werden kann, wenn sie auch gemäß dem Prinzip einer beweglichen Skala der Arbeitszeit regelmäßig zur Zahl der Arbeitslosen ins Verhältnis gesetzt werden muss. Das bedeutet eine Arbeitszeitverkürzung ohne Lohneinbußen, ohne Annualisierung und mit den entsprechenden Anstellungen.

Darüber hinaus ist die Verkürzung der Arbeitszeit nicht nur eine messbare Maßnahme zur Bekämpfung der Arbeitslosigkeit, sondern auch der strategische Entwurf einer anderen Gesellschaft. Wenn man den Diebstahl einer Hälfte des Arbeitstages durch den Kapitalisten auf Kosten eines jeden Lohnarbeiters ausgleichen will, bevor das Ganze in Gestalt des Mehrwerts einkassiert wird, dann wird die neue Gesellschaft es einem jeden Arbeiter ermöglichen, etwa um die Hälfte weniger zu arbeiten, damit die Produzenten für niemand anderen als sich selbst arbeiten.

Die Verkürzung der Arbeitszeit ist etwas anderes als eine lange Arbeitspause. Sie ist eine Einladung zur umfassenden Entfaltung, hier und jetzt. Denn das Reich der Freiheit beginnt in der Tat da, wo die Zeit der kapitalistischen Entfremdung endet, das heißt wenn vor allem die Entfremdung durch Lohnarbeit aufhört. Die Verkürzung der Arbeitszeit stellt die Gelegenheit dar, über die Arbeit als solche neu nachzudenken. Sie befreit potenziell von der Zeit am Arbeitsplatz selbst und verleiht den Arbeitern die materielle Möglichkeit, sich miteinander zu verständigen und auf diese Weise die Kontrolle über ihre Tätigkeiten potenziell wiederzuerlangen. Die höllischen Rhythmen, die Zeit unter dem Diktat der Uhr, die sich anhäufenden aufreibenden Stunden sind auch die Hindernisse, die uns davon abhalten, das, was wir tun, warum wir es tun, wie und mit wem wir es tun, zu überdenken. Die tägliche Abstumpfung durch die uns fehlende Herrschaft über die Zeit ist eine Strategie, die einen integralen Bestandteil des Aktes der Beherrschung bildet. Dieser Kontrolle beraubt, tasten wir uns blind voran wie jene zerstückelten, heruntergekommenen und geknechteten Menschen, von denen Marx spricht, wenn er den Status der Lohnarbeit deutlich macht. Das ständig von seiner Arbeit in Beschlag genommene Individuum wird ein Gefangener seiner Pflicht. Die Arbeit nimmt Besitz von ihm und beraubt ihn der Produktionsmittel, denen er dennoch den Tag widmet. Der Lohnarbeiter wird seiner Verwirklichung „fremd". Die gesellschaftliche Arbeitsteilung oder die Trennung von Hand- und Kopfarbeit setzen voraus, dass die Arbeiter von den Nägeln der bezahlten Zeit festgehalten werden. In diesem Stadium hebt die Arbeitszeitverkürzung die Entfremdung in dem Sinne auf, dass sie den Arbeitern die materielle Möglichkeit bietet, ihre Arbeit zu kontrollieren und über den Gegenstand des Produktionsprozesses, an dem sie teilhaben, zu bestimmen. Der vollständige Mensch, den Marx den aufgespaltenen Menschen gegenüberstellt, gelangt zum Leben mit jedem Stückchen Zeit, das er dem Kreislauf der Ausbeutung entzieht. Die befreite Zeit ermöglicht es dem Individuum, sich in einer Vielzahl von Bereichen zu verwirklichen, die die zeitlichen Zwänge und sein ausschließlicher Bezug auf die Arbeit außer Reichweite hielten. Freizeitbeschäftigung, Reisen, Lektüre, künstlerische Betätigung als Zuschauer oder Akteur, die Entspannung, der Sport, die Beteiligung an wirtschaftlichen und politischen Entscheidungen, das Zusammenleben, eine Vielzahl von persönlichen Vorhaben gewinnen effektive Gestalt und decken nun die andere Wirklichkeit der täglichen Zeit ab. Dann ist die individuelle Entfaltung kein leeres Wort mehr, sondern eine praktische Möglichkeit. Es steht jedem frei, seinem Leben einen besonderen, einzigartigen Sinn zu verleihen und seine Existenz mittels einer frei reflektierten Beziehung zu den anderen, zu Kenntnissen, zur Natur und zur Welt zu entwerfen. In einer von den aus der Lohnarbeit entstehenden Knechtschaften befreiten Gesellschaft beschließen die Einzelnen, im Lauf ihres Lebens mehrere Berufe auszuüben oder auch nicht, oder nichts zu tun und Sabbatzeiten zu genießen. Dieses Recht unterscheidet sich vom „Recht auf Faulheit" im Sinne eines strikt individualistischen und isolierten Phänomens darin, dass es ebenfalls, genauso wie die Arbeit, geteilt werden kann. Auf diese Weise verstanden, manifestiert sich diese gemeinsame Chance als Bewusstsein im Rahmen kollektiver Beratungen, um die Gemeinschaft vor dem Riss zu bewahren, der diejenigen, die arbeiten, von denen, die „faulenzen", trennt.

So wie das Reich der Freiheit, wie jede gesellschaftliche Organisation, an die Mitwirkung seiner Mitglieder appelliert, so werden umgekehrt diese nur für gesellschaftlich notwendige Arbeiten mobilisiert, die mit den zur Verfügung stehenden natürlichen Ressourcen in Einklang stehen. Père Peinard hat diese Gesellschaft der Zukunft in eine Formel gefasst, die seinem legendären volkstümlichen und anarchistischen Spott entspricht: „Wie in der Vergangenheit werden die Arbeiten weiterhin von den Arbeitern der Gemeinschaft erledigt, mit dem Unterschied, dass ihre Maloche tatsächlich nützlich ist und ihr Profit ihnen ebenso gehört wie den anderen." (Peinard 1896)

In der „Gesellschaft der Zukunft", wie sie der Verfasser von Streitschriften nennt, wird die Arbeit tatsächlich zutiefst verändert sein, denn sie wird von der Knechtschaft der Lohnarbeit ebenso befreit sein, wie sie es von der Bleiummantelung der Bürokratie sein muss.

Die Arbeitszeitverkürzung fungiert in diesem Sinne als Schlüssel für eine allgemeine Emanzipation jenseits der Schwelle des Unternehmens. Denn wenn wir über mehr Zeit verfügen, werden wir die Muße haben, über das zu entscheiden und zu urteilen, was unsere Arbeitsbedingungen ebenso betrifft wie unsere Lebensbedingungen allgemein. Wenn die Menschheit, weil sie nun die Zeit dafür hat, in die Lage versetzt ist, den kollektiven Kostenvoranschlag ihrer sozialen Bedürfnisse zu erstellen, um die Produktion für das im strengen Sinn Notwendige von vornherein festzulegen, um die Umweltbedingungen zu berücksichtigen, wird die Software der Marktwirtschaft plötzlich gehackt. Denn diese ist so ausgelegt, dass sie zunächst im Voraus produziert und die Zuteilung der Ressourcen erst danach, dem chaotischen Gesetz von Angebot und Nachfrage folgend, ins Auge fasst und damit Verschwendung, Überproduktion, Elend ebenso erzeugt wie irreparable Umweltschäden. Die drastische Verkürzung der Arbeitszeit ist eine unabdingbare Voraussetzung für eine dauerhafte kollektive Entscheidungsfindung, die es ermöglicht, über die gesellschaftliche Nachfrage unter Berücksichtigung ökologischer Belange wie insbesondere der Erschöpfung natürlicher Ressourcen und der Klimaerwärmung zu debattieren. Sie hält der Menschheit die Möglichkeit offen, über eine harmonische Beziehung zu der sie umgebenden natürlichen Umwelt nachzudenken. Sie gibt die Zeit einer ökosozialistischen und demokratischen Planung der Wirtschaft vor. Denn die Verkürzung der Arbeitszeit beinhaltet auch einen Bruch mit dem produktivistischen und konsumistischen Modell in jeglicher Gestalt. Sie steht im Widerspruch zur Entfremdung durch den Markt, die nicht nur die Wirtschaft beherrscht, sondern darüber hinaus die Gesellschaft insgesamt. Sie ist das Sandkorn, das sich im Räderwerk des einschläfernden Kreislaufs von „Metro, Job, Schlafen" festsetzt. Sie verschafft uns die Möglichkeit, den Dualismus von Produzent und Konsument aufzubrechen, der die Individuen im kapitalistischen System spaltet, und unsere Einheit und Übereinstimmung mit uns selbst wiederzuerlangen. Denn der Mensch braucht Zeit, um „vollständig" zu werden. Und die Frauen brauchen wirklich freie und geteilte Zeit, um sich zu verwirklichen. Der feministische Aspekt der Verkürzung der Arbeitszeit ist entscheidend, denn die liberale Offensive, die die Lohnarbeiter länger in die Arbeit hineinzwingt, verschleiert die Stoßrichtung dieser Bewegung, indem sie die Arbeitszeit, diesmal mit Gewalt, für einen Teil von ihnen, genauer für den weiblichen Teil, reduziert. 80 % der Teilzeitstellen werden von Frauen wahrgenommen, und in den meisten Fällen wurde ihnen das aufgezwungen. Das führt dazu, dass fast ein Drittel der Frauen, 31 %, in Frankreich in Teilzeit arbeitet. Michel Husson und Stéphanie Treillet bringen dies folgendermaßen zum Ausdruck: „Die Teilzeitarbeit verstärkt die Normen der ungleichen Verteilung der häuslichen und elterlichen Pflichten und die gesellschaftliche Einstufung des Lohnes der Frauen als Zusatzeinkommen. Soziologische Studien zeigen, dass der Übergang zur Teilzeitarbeit der Frauen die (schwache) Beteiligung der Männer an Haushaltspflichten noch abnehmen lässt." (Housson/Treillet 2014) Was ist die Emanzipation der Proletarier wert, wenn die „Proletarier unter den Proletariern", die Frauen, in der Falle einer patriarchalischen Ordnung festsitzen?

Schließlich ist die Arbeitszeitverkürzung ein konkretes und wirksames Mittel, um eine völlig andere Form gesellschaftlicher Organisation aufzubauen. Eine Gesellschaft, die uns nicht mehr dazu verdammen würde, „gehetzte" Männer und Frauen zu sein, sondern Individuen, die über genügend Zeit verfügen, um sich zu entfalten, über den Weltlauf und darüber nachzudenken, dass dieser uns überlebt, wobei wir voll und ganz für die Unsrigen Sorge tragen – von den Allerjüngsten bis zu den ganz Alten. Das wäre eher eine Welt des Seins als eine Welt des Habens. Kurz, ein Universum, in dem das Wort „Solidarität" nicht in der Sanduhr der Zeit verrinnt.

V. Isêgoria – eine Traumnovelle

„*Cámaro,* wach auf, Endstation!“ Der Mann flüsterte – was an solchen Orten selten ist – diese Worte in sein Ohr, als ob er sorgsam darauf bedacht wäre, ihn sanft aus seinen Träumen zu holen. Er blinzelte mit einem Auge, seine Lippen schafften es nicht, dem barmherzigen Samariter zu danken, der seine nicht geplante Hin- und Rückfahrt verhindert hatte. Er sah ihn für einen kurzen Augenblick an und kam zum Schluss, dass der Mann auf bizarre Weise herausgeputzt war. Welche Art von Mode konnte diesen Aufzug wohl inspiriert haben? Das war ein wirklich unnachahmliches Gesamtkunstwerk, bei dem auf ausgesuchte Weise nichts zueinander passte. Der Schutzengel musste seine Gedanken erraten haben, denn er wandte sich mit den Worten an ihn: „Gefallen dir meine Klamotten?“ Ich komme gerade aus der Genossenschaft für Kreation und Herstellung, wo ich viel Zeit darauf verwandt habe, sie zu entwerfen und sie dann zu schneidern. *Cámaros* haben mir dabei geholfen, und was mich betrifft, so bin ich mit mir zufrieden. Komm, steh auf, bevor du in der Remise landest, und beeil dich, denn es ist schon spät. Ich hoffe, du wohnst nicht allzu weit weg!“ Voller Genugtuung über seine gute Tat entfernte sich der futuristische Stilkünstler und verschwand.

Er aber rappelte sich mühsam auf und stieg leicht schwankend aus. Kein Türenknallen und kein Quietschen der Räder auf den Schienen drangen an sein Trommelfell. Er meinte, den unaufdringlichen Klang einer stimmungsvollen Musik wahrzunehmen, während der Zug vom Tunnel verschlungen wurde. Doch wo zum Teufel war er bloß? Der Name der Station war auf seltsame Weise kunstvoll gemalt. Das Schild war mit einer Inschrift pädagogischen Inhalts verziert. Er nahm sich nicht die Zeit, das zu lesen. Er musste einen Anschluss erreichen, um in seinen entlegenen Vorort zu kommen, und dann musste er noch einen Bus bekommen, wenn es zu dieser fortgeschrittenen Stunde noch einen gab. Er zog sein Handy aus der Tasche: kein Netz. Der Info-Screen zeigte ihm die Uhrzeit an: Es war Viertel vor ein Uhr morgens, das heißt viel zu spät. Der letzte Zug war schon lange abgefahren. Er hatte kein Glück. Sein Gesicht verfinsterte sich bei der Aussicht, zum x-ten Mal eine nicht geplante Tour durch die Hauptstadt zu machen.

Wie konnte er nur so lange weggedöst sein? Doch er hätte geschworen, etwa um 23 Uhr in die U-Bahn gestiegen zu sein, unmittelbar nachdem er die tägliche Generalversammlung der sozialen Bewegung verlassen hatte, die die Hauptstadt seit etlichen Wochen im Widerstand gegen einen Erlass der Regierung lahmlegte, der vorsah, den Begriff der gesetzlichen Arbeitszeit abzuschaffen. Die Debatten waren leidenschaftlich, aber anstrengend gewesen: lange Stunden des Nachdenkens über die Frage der Arbeit in einem brechend vollen Saal, in dem man kaum atmen konnte. Einige Wortwechsel waren recht lebhaft, insbesondere die zwischen den befristet Beschäftigten in der Unterhaltungsbranche und einer Gruppe von Gewerkschaftern, deren Fabrik geschlossen worden war. Bald wurde daraus ein Dialog zwischen Schwerhörigen. Die Diskussion drehte sich unendlich im Kreis. Er selbst meinte, dass jede der beiden Gruppen ein wenig recht hatte. Er gab zu, dass es einen Akt großer Gewalt darstellte, wenn man aus einem Unternehmen entlassen wurde, dem man jahrelang all seine Kraft und Zeit gewidmet hatte. Das Recht auf Arbeit war unveräußerlich, und das wollte er verteidigen. Die lebenslange Vollzeitarbeit war sicherlich kein Selbstzweck, und im Übrigen teilte er die Lebensweisheit, derzufolge man „sein Leben nicht dadurch verlieren darf, dass man es verdient". Dennoch hatten ihn an diesem Abend ihre Worte ermüdet, zumal die Aktivisten jedes Mal die ärgerliche Angewohnheit hatten, das kleinste Detail auseinanderzunehmen und kleinlich auf jedes Komma bedacht zu sein. Er selbst war kein Aktivist, doch er stimmte mit den von der sozialen Mobilisierung unterstützten Ideen überein, an der er sich seit drei Monaten beteiligte. Er war auf all ihren Demonstrationen, Aufmärschen, bei allen Aktionen und Besetzungen. Seine deutlich verkürzten Nächte erklärten sein häufiges Eindösen in der U-Bahn und sein Herumirren in den dunklen Straßen von Paris. Denn auch wenn er das bedauerte, konzentrierte sich der Kampf auf die Hauptstadt, in der der Ringverkehr die ewige Grenze zwischen dem Zentrum und den Randgebieten bildete.

Er begab sich in Richtung Ausgang, aber recht kraftlos. Eine unerfreuliche Wahrnehmung nahm ihn in Beschlag, als ob ihn die Sinne täuschten. Er verlor seine Orientierung, seine Sinne warnten ihn vor der Anwesenheit ungewöhnlicher Elemente, die seine Augen in dieser vertrauten Umgebung kaum erkennen konnten. Waren es diese Gemälde, Fresken und Wandmalereien, die den Durchgang verzierten? Er bemerkte, dass es keine Plakate und keine Werbung mehr an den Wänden gab. Die wenigen Leute, die nachts noch unterwegs waren und seinen Weg kreuzten, hoben sich ebenfalls durch ihr Erscheinungsbild ab. Komisch gekleidet, grüßten sie einander mit einem Lächeln. Er rieb sich die vor Müdigkeit bereits geröteten Augen, er hatte weder etwas getrunken noch geraucht. Konnte es sein, dass er noch träumte? Sein schmerzender Kopf war knapp davor, zu explodieren. Er versuchte sich zu beruhigen. Sobald er wieder draußen und an der frischen Luft war, kam er wieder zu sich. Dann ging er zum Hotel, das dem Bahnhof am nächsten lag, um sich ein wenig auszuruhen, auch wenn er dafür etwas bezahlen musste.

Die stickige Luft, die ihn außerhalb des Bahnhofs umfing, machte seine Migräne nur noch schlimmer. Kaum nahm er die Gestalten wahr, die sich fortbewegten, diskutierten und rings um ihn lachten. Dagegen gab es viel weniger Autos als sonst. Er beschleunigte den Schritt auf das nächste Hotel-Reklamelicht zu. Es war höchste Zeit, sich schlafen zu legen; morgen würde er klarer sehen.

Er stieß eine schwere verriegelte Tür auf. Der Mann am Empfang ließ sogleich von seiner Lektüre ab und wandte sich in einem herzlichen Tonfall an ihn: „Hallo, *cámaro*, ich bin heute der Nachtportier. Brauchst du ein Zimmer?“ Er musste dieselben Modegeschäfte aufsuchen wie der Stilkünstler in der U-Bahn. Diese Kollektion ähnelte nichts, was man kennt. Sie war eine harmonische Mischung einzelner Farben, und das Ganze war fein und nach Maß geschneidert. Ein origineller, aber keineswegs exzentrischer Stil. Sein Blick fiel auf die Füße des Nachtportiers. Er war verrückt nach Sneakers – eine kleine Sünde, die in ihm einen letzten konsumistischen Reflex auslöste, den er angesichts der Unerbittlichkeit der militanten „No logo!“-Aktivisten in seinem Inneren verborgen hielt. Der anthrazitfarbene Stoff war strapazierfähig und leicht zugleich, schlank geschnitten, und die Sohle war elegant und bequem. Kein sichtbares Markenlogo. Als unschlagbarer Experte auf diesem Gebiet wunderte er sich, dass er dieses Modell nicht erkannte, das verblüffte, weil es so individuell war. „Gefallen sie dir? Sie sind mein ganzer Stolz. Ich brauchte tagelang, um sie in der Genossenschaft anzufertigen.“ Er schüttelte schwach den Kopf. Dieser Abend stand definitiv im Zeichen von unwahrscheinlichen Begegnungen. Sein Gastgeber nahm ihn mit sich: „Ich habe noch ein Zimmer im zweiten Stock, ich bringe dich hin.“

Als sich die Tür zu dem riesigen Zimmer öffnete, überfiel ihn Verwirrung. Bequem und mit Geschmack eingerichtet und mit einem dicken Teppich, einem großen, quadratischen Bett, einer Bibliothek mit zerlesenen Büchern und einer HiFi-Anlage ausgestattet, erschien das Zimmer höchst luxuriös. Sein inneres Unwohlsein wurde stärker. Der Preis des Zimmers musste seine Möglichkeiten übersteigen. Wie sollte er dieses Problem seinem Gastgeber vermitteln, ohne so blank zu erscheinen, wie er nun mal war? Er fasste sich ein Herz und legte seine Lage offen. Der Angestellte brach in ein langes, unbändiges Lachen aus. „Der Preis – welcher Preis? Wo haben sie dich denn ausgelassen? Mit deinem so reizend altmodischen Look frage ich mich, aus welcher Gegend du wohl kommst, *cámaro* Reisender, jedenfalls von verdammt weit her! Mein Urgroßvater war der Letzte, der mir von den Zeiten erzählte, als man ein Hotelzimmer bezahlte! Man möchte glauben, du kämst aus der Vergangenheit!" sagte er mit einem Augenzwinkern. „Nein, es gibt nichts zu regeln. Dafür bringst du morgen früh alles in Ordnung, du putzt schnell, alles, was du dazu brauchst, findest du da, du bringst die Überzüge und Laken, die du benutzt hast, ins Untergeschoss, wo die Waschmaschine ist. Komm, ich zeig dir das Gemeinschaftsbad. Wir haben unsere Reiseunterkünfte gemäß den von der Weltversammlung empfohlenen Normen zur gemeinsamen Nutzung des Wassers gestaltet. Man rationiert, man spart, wie du weißt, zumindest wenn diese Information bis zu dir vorgedrungen ist", prustete er erneut los.

Das Bad war geräumig, es glänzte vor Reinlichkeit, die Dusche sah aus wie die in der Werbung, die den Charme von Grandhotels pries. Kaum begriff er, was mit ihm geschah, als sein Schutzengel bereits verschwand, nachdem er ihm eine gute Nacht gewünscht hatte. Der Ort war still, und es gab keinen Menschen mehr an der Rezeption. Ganz offensichtlich befürchtete man hier weder Diebe noch Hausbesetzer. Erschöpft begab er sich auf sein Zimmer, glitt unter die parfümierten Laken und schlief ein.

Am Morgen wachte er beruhigt auf und war sich sicher, dass all das nur ein Traum gewesen wäre. Dennoch musste er feststellen: Er war immer noch in dieser unbekannten Welt des Abends zuvor. Das Zimmer war dasselbe, der Ort war schön und überraschend. Er erinnerte sich an die Empfehlungen der Aufsichtsperson, machte schnell sauber, bevor er im Bad herumtrödelte, das eher ein Fünfsterne-Bad als ein Gemeinschaftsbad war. Er brachte die Wäsche gemäß Anweisung hinunter und ging an der Rezeption vorbei, wo ihn niemand erwartete, um ihn zu bitten, seine Rechnung zu begleichen. War dies ein schlechter Scherz? Er musterte den Schalter, dann das Foyer. Ein Plakat, das auf einen internationalen Isêgoria-Kongress im Juni 2058 aufmerksam machte, bedeckte eine ganze Wand. Das Plakat sah eher wie ein Kunstwerk aus und nicht wie eine bloße Information. Das Datum Juni 2058 kam ihm sehr komisch vor, aber er suchte nach keiner Erklärung. Zögernd und sorgsam darauf bedacht, dass ihn niemand sah – denn er war immer noch überzeugt, sich hineingeschmuggelt zu haben –, fasste er Mut und ging hinaus. In nur wenigen Minuten hatte er den Bahnhof erreicht.

Dort hätte er geschworen, sich verirrt zu haben. Alles schien auf seinem gewohnten Platz, die Bahnhofshalle, die Bahnsteige, die Gleise, nichts hatte sich verändert, doch das Ganze war eigenartig anders. Die Plätze waren großzügig, angenehm, seltsam wenig frequentiert. Es war, als ob der Bahnhof über Nacht freundlich und funktionell geworden wäre. Doch als er sich am Automaten ein Ticket besorgen wollte, war das eine ganz andere Geschichte! Die Dinger waren unauffindbar. Resigniert und schon von vornherein in Sorge über die Menschenmasse, die ihn todsicher am Schalter erwarten würde, begab er sich auf die Suche nach einer Warteschlange. Plötzlich entdeckte er einen offenen und verfügbaren Schalter – zwei statistisch unwahrscheinliche Kriterien für den, der sich auskannte. Dort ging er ohne Weiteres hin. Vielleicht war ja heute sein Glückstag. Guten Tag, *cámaro,* kann ich dir weiterhelfen? hörte er die liebenswürdige Stimme eines Beamten, die nicht von den gewohnten Robotertönen verzerrt war, wie sie für Gewöhnlich das Plexiglas erzeugte. Zunächst ungläubig, dann verblüfft, ließ er sich von den Argumenten des Eisenbahners überzeugen, der ihm erklärte, dass es keine Automaten gebe, weil es auch keine Tickets mehr gebe. Der Zug sei nämlich nun schon seit langer Zeit gratis, und ja, er käme jetzt jede Viertelstunde und nicht wie früher im Stundentakt. In welches Land und in welche Zeit war er hineingeschleudert worden? Fassungslos verzichtete er auf jede weitere Erklärung. Im Grunde wollte er insgeheim lieber von diesen außergewöhnlichen Augenblicken profitieren. Die Passanten grüßten ihn höflich und blickten über die Schulter auf ihn zurück, um ihn zu mustern. Er begann nun an seinem eigenen Stil zu zweifeln.

Als Kind von Einwanderern aus einem Stadtviertel an der Peripherie kannte er das Gefühl, angestarrt zu werden, und er hatte schließlich gelernt, mit dem Blick des anderen zu leben und aufzuwachsen. Hier und jetzt bemerkte er jedoch, ohne genau sagen zu können warum, im Blick der anderen keinerlei Feindseligkeit oder Zurückweisung, nur eine Art wohlwollende Neugier im Vorübergehen. Er entspannte sich und beschloss, sich auf einer Terrasse ein wohlverdientes Frühstück zu bestellen, bevor er nach Hause ging.

Er spazierte in Richtung Seine-Ufer und merkte sehr schnell, dass er sich verirrt hatte. Sein Herz begann schneller zu schlagen. Diesmal war er sich sicher, gleichzeitig da und anderswo zu sein. Die Landschaft hatte sich zu weiten Teilen verändert. So hatte sich diese für Gewöhnlich mit Autos vollgestopfte Straße verflüchtigt. An ihrer Stelle säumte ein bezauberndes kleines Gehölz voller Schmetterlinge, Vögel, Bienen, ja selbst Eidechsen den Fluss. Feldwege luden die Fußgänger zum Spazierengehen ein. Normalerweise ist zu Fuß gehen in einer Hauptstadt, und gar in der Nähe eines Bahnhofs, ein wahrer Kampfsport. Man muss sich zwischen allen im Slalom hindurchschlängeln können, ohne jemanden zu berühren oder sich kaum zu streifen, man muss lernen, seinesgleichen entschlossen zu überholen, meistens ohne besonderen Grund. Ebenso wichtig ist es, den Autos auszuweichen, wenn man abseits einer geregelten Kreuzung die Straße überquert, da man es stets sehr eilig hat. Dort hatte die unsichtbare Kraft, die alle gemeinsam dazu antreibt, auf den Straßen zu laufen, keinerlei Wirkung auf die Gaffer, als ob Zeit und Raum in eine Konstellation gefügt worden wären, die man nirgendwo anders beobachtet hat. Auf der einen Seite des Gehölzes hatten sich Gruppen gebildet, und man hatte den Eindruck, dass sie leidenschaftlich miteinander diskutierten, auf der anderen Seite waren die spärlich frequentierten Terrassen ruhig und einigen Träumern vorbehalten, die in ihre Lektüre vertieft waren. Er wagte sich weiter vor und bemerkte eine kleine Gruppe, die sich spontan um ein Paar versammelt hatte: eine Sängerin mit heller Stimme und ein Slamer, der im Stakkato vortrug, begleitet von einem Cellisten und einem DJ. Nicht weit davon gab es eine Tanzfläche, einen Volkstanz nach Akkordeonmusik, eine Hip-Hop-Vorführung, einen Redewettbewerb, Lektürekreise, Poesiewettbewerbe, Straßenmaler, die sich auf ihre Bilder konzentrierten. War heute ein Feiertag oder arbeiteten diese Leute auf dem Stadtfest überhaupt nie?

Am Seine-Ufer angelangt sah er, wie sich eine Prozession von High-Tech-Minibooten auf dem Fluss vorwärtsbewegte, wobei die Passanten diesem Schauspiel gegenüber eine erstaunliche Gleichgültigkeit an den Tag legten. Er rieb sich die Augen mehrmals: Nein, er träumte nicht. Einige Schwimmer umringten die Boote, ohne dass sich jemand darüber wunderte. Bei näherem

Hinsehen bemerkte er einige Dutzend Elektro-Tretboote mit vier gepolsterten Sitzen, ganz umschlossen von einer durchsichtigen Abdeckung und von Solarmodulen umgeben. Sie glitten flink und lautlos dahin. Keiner der Passagiere schien wirklich in die Pedale zu treten, oder wenn, dann nur sehr wenig. Jedes Tretboot folgte seinem Kurs. Es handelte sich also um kein Wettrennen. Eines dieser futuristischen Fahrzeuge steuerte auf eine Anlegestelle zu, wo es zum Halten kam. Ein Mann, allein an Bord und mit einem feingeschnittenen, heiteren Gesicht, sagte plötzlich: „Kann ich dich irgendwohin mitnehmen, *cámaro*?"

Er versuchte seine Verblüffung zu verbergen und antwortete diesem komischen Kauz so normal wie möglich, der – dessen war er sich sicher – dabei war, sich über ihn lustig zu machen: „Nein danke, ich schau nur zu!"

„Entschuldige, aber so wie du hier an der Station stehst, dachte ich, dass du darauf wartest, mitgenommen zu werden. Ich fahre zur Île de la Cité. Ist dir das recht?"

„Sie fahren einfach so auf der Seine? Sie machen sich über mich lustig. Machen Sie Werbung für ein neues Produkt? Immerhin kann man sagen, dass Sie ein werbewirksamer Blickfang sind!", stieß er hervor, und merkte noch während des Sprechens, dass er völlig falsch lag.

„Aber woher kommst du denn, *cámaro*?"

„Ich bin von hier, wie Sie auch", gab er zur Antwort in der Hoffnung, diese Bemerkung, die er als kränkend empfand, zu unterbinden.

Der Skipper nahm einen zweifelnden Gesichtsausdruck an:

„Bei deinem Aufzug hätte ich gewettet, dass du von einem anderen Stern kommst. Das letzte Mal habe ich solche Klamotten in einem Geschichtsbuch gesehen."

Er versuchte das Thema zu wechseln:

„Und Ihr Elektrobolide ist ein Prototyp, oder gehört er Ihnen?"

„Mir? Hast du was getrunken, mein Freund? Natürlich nicht, wie alle anderen auch gehört er der Gemeinde. Was meinst du, was ich den ganzen Tag mache? Ich verbringe meine Tage nicht damit, herumzufahren", stieß er lachend hervor. Übrigens wollte ich ihn zum Depot der Stadt bringen, damit die Techniker ihn sich anschauen. Ich habe den Eindruck, dass eines der Panels nicht mehr ganz funktioniert. Komm mit mir, und dann behalte ihn, wenn du magst!"

Er sprach schneller als er nachdachte:

„Einverstanden."

War es Neugierde, die starke Lust, den seltsamen Eindruck zu überprüfen, den er an jeder Station seiner Zeitreise gewonnen hatte?

Er ging an Bord.

Äußerst bequem und abgesehen vom Schlagen der kleinen Wellen gegen den Bootskörper völlig geräuschlos kamen sie in ein paar Minuten an der Île de la Cité an.

„Wir kommen gerade rechtzeitig zur morgendlichen Generalversammlung", beschied ihm sein Fahrer.

Im Depot für Elektro-Tretboote waren etwa hundert Leute, Handwerker, Techniker, Ingenieure, Verwaltungsangestellte und Arbeiter, versammelt. Ganz am Ende des Gebäudes erregte Kinderlachen seine Aufmerksamkeit. Betreuer hatten sie an einem Platz versammelt, den man zum Kinderhort gestaltet hatte. „Die haben aber hier Möglichkeiten!" bemerkte er an den Fahrer gewandt.

„Das sind Eltern, die sich freiwillig dazu bereiterklärt haben, und gemäß ihrer Arbeitszeit bezahlte Arbeiter, die sich hier um die Kinder kümmern, *cámaro*!"

Eine Frau mit funkelnden, lachenden Augen kam auf sie zu:

„Guten Tag, *cámaro*, seid willkommen!"

„Danke! Wie sieht es aus, liegt Streit in der Luft?" sagte er, indem er einen verschwörerischen Blick in Richtung Versammlung warf.

„Nein, wir führen unsere tägliche Generalversammlung durch, um organisatorische Fragen der Arbeit zu besprechen! So wie das überall gemacht wird. "

Überrascht von so viel gewissenhaftem Eifer brannte ihm die Frage auf den Lippen:

„Alle nehmen daran teil?"

„Nein, *cámaro*, die meisten sind da, aber es fehlen auch viele."

„Es gibt also wie immer auch Verweigerer!" stieß er hervor.

Wenigstens dieses eine Mal meinte er nicht falsch zu liegen.

„Ganz und gar nicht! Einige unserer jungen Leute nehmen an einem Fußballtournier, an einem Freundschaftsspiel, teil, einige Ältere haben sich zum Boule verabredet. Es gibt auch Künstler, Musiker, Maler, Graffiti-Künstler, Slamer und Dichter, die freigestellt sind, um ihnen ihre schöpferische Tätigkeit zu ermöglichen."

Sie legte eine Pause ein, bevor sie fortfuhr:

„Nicht zu vergessen die zwei oder drei Paare, die noch im Bett liegen … Andere kümmern sich um die Gemeinschaftsgärten der Stadt, die sich zum Glück weiter entwickeln. Auf diese Weise sorgen wir für unser Optimum an Ernährungssicherheit, wie es der vom letzten Isêgoria-Weltkongress verabschiedete ökosozialistische Plan anregt …"

Er versuchte, aus dem Blick seiner Gesprächspartnerin ein wenig Schalk herauszulesen, doch er begriff, dass sie nicht scherzte. Ganz im Gegenteil, sie fuhr unbeirrt fort:

„Was kann man denn gegen diese Abwesenheit machen? Die partizipative Demokratie beinhaltet schließlich auch das Recht, sich herauszuhalten. Etliche von ihnen kommen schließlich wieder, während andere ihr stilles Vergnügen darin finden, sie abzulösen. Letztlich wechselt sich das ab, und im Lauf der Zeit haben wir festgestellt, dass es einen harten Kern gibt, der niemals eine Generalversammlung versäumt, und dass das nötige Quorum immer erreicht wird."

Er wollte nicht den Reaktionär vom Dienst geben und diese überspannte Person nicht mehr als nötig provozieren, doch eine kränkende Frage konnte er sich nicht verkneifen:

„Ihr arbeitet also für die, die nichts tun?"

„Lebst du hinter dem Mond, *cámaro*?"

Verlegen erklärte er:

„Ich komme aus einem fernen Land, in dem sich die Dinge nicht verändert haben."

„Ich merke es", antwortete die Delegierte verblüfft. „Hier wird alles mit Arbeitszeit verrechnet. Seit diese auf zwanzig Stunden in der Woche reduziert wurde, gibt es keine Arbeitslosigkeit mehr. Diejenigen, die sich nicht betätigen, handeln mit Berufung auf das Recht auf Faulheit, aber sie bleiben in der Minderheit. Bestimmte Leute arbeiten drei oder vier Stunden am Tag, vormittags oder nachmittags, andere arbeiten den ganzen Tag, um dann den Rest der Woche voll auszukosten, andere wiederum teilen sich die Arbeit über das gesamte Jahr ein. Technisch ist es nicht einfach, die Zeitpläne aufzustellen, und zuweilen können sich Spannungen daraus ergeben. Doch bis jetzt ist es uns gelungen, die Probleme gemeinsam zu lösen. Auf diesem Feld vermeiden wir Abstimmungen auf den Generalversammlungen. Es findet eine erste Debatte statt, und wenn dann eine Minderheit ihr Unbehagen zum Ausdruck bringt, setzen wir eine Arbeitsgruppe ein, um das beizulegen und eine Verständigung herbeizuführen. Darauf folgt eine zweite Generalversammlung, um eine neue Versöhnung zu bewirken, und auf diese kann dann bei Bedarf eine letzte Arbeitsgruppe folgen. Abstimmungen gibt es, wenn nötig, nur auf der dritten Generalversammlung."

Zuinnerst konnte er sich denken, welchen Effekt seine Bemerkung haben würde, aber er konnte nicht umhin zu fragen:

„Und der Chef sagt nichts?"

Nach einem komplizenhaften Blickwechsel brachen die Delegierte und der Fremdenführer in unbändiges Lachen aus:

„*Cámaro*, entweder hast du wirklich einen köstlichen Humor, oder du kommst definitiv aus der Vergangenheit! Die Sache mit den Chefs haben wir seit mindestens zwanzig Jahren geklärt, und unsere Angelegenheiten laufen nicht minder gut!"

Etwas gekränkt lenkte er das Gespräch auf ein anderes Thema:

„Und ihr wollt mir auch weismachen, dass ihr alle dasselbe verdient?"

Nun wechselte das Unbehagen die Seiten. Die Delegierte wurde ernst, aber sie wich nicht aus:

„Die Einkommensspanne umfasst eine Skala von eins bis drei. Vor vier Jahren ging sie noch von eins bis fünf. Danach werden in der Generalversammlung die Aufgaben, die Positionen und Koordinierungsfunktionen zugewiesen. Die gewählten Mandatsträger können zu jedem Augenblick abgewählt werden, insbesondere im Falle des Abgleitens in autoritäres Gebaren, was mehr als einmal passiert ist. Sie sind nur für zwei Amtsperioden wählbar. Die Angleichung der Einkommen braucht Zeit, und die Gewohnheiten sind hartnäckig. Du musst wissen, mein Freund, dass wir hier von Summen reden, die dennoch nichts mehr mit denen aus der Zeit zu tun haben, aus der du zu kommen scheinst. Auf fast alle wesentlichen Bedürfnisse wurde das Prinzip der Unentgeltlichkeit ausgedehnt, das Geld wurde auf seine einfachste Ausdrucksform reduziert. Genug, um unsere Einkäufe auf den „Produzenten-Konsumenten"-Märkten zu tätigen, die die Bauern vermehrt haben, oder um Kleidung zu kaufen, Reisen zu machen … Es wird Zeit, dass ich euch allein lasse, man gibt mir schon ein Zeichen, die Generalversammlung beginnt …"

Inmitten der Versammlung, die zusammengetreten war, sah er nun zwei junge Männer einander gegenüberstehen, bevor sie einen Battle-Rap begannen. Sein Fremdenführer fasste ihn diskret am Arm, um ihm zu bedeuten, dass es Zeit wäre, die Arbeiter bei ihren Beschlussfassungen allein zu lassen.

Während sie fortgingen, stiegen laute Rufe und Applaus aus der Versammlung empor, die im ganzen Gebäude widerhallten.

„Ich für mein Teil, *cámaro*, bin am Ziel angekommen. Ich muss zum Sitz des Vereins für Kunst und Emanzipation direkt nebenan, denn ich muss ein Projekt in trockene Tücher bringen. Willst du mich begleiten?"

Es waren nicht mehr als ein paar Stunden vergangen, bis er dahin gelangt war, wo er sich nun befand. Zudem machte ihn alles in ihm darauf gefasst, dass dieser bereits denkwürdige Tag noch so manche Überraschung bereithielt.

„Warum nicht? Ich habe noch nie davon gehört. Wo ist das?" fragte er ahnungslos.

„Nun, im alten Justizpalast natürlich. Wenn du wirklich aus der Vergangenheit kommst, musst du eine ziemliche Zeitreise zurückgelegt haben", antwortete ihm sein Fremdenführer und versuchte diesmal ein allzu lautes Lachen zu unterdrücken, um diesen Besucher, den er so abgedreht und schließlich faszinierend fand, nicht völlig zu zermürben.

„Es ist schon ewig lange her, dass der alte und der neue Justizpalast wieder in Besitz genommen und der Kunst gewidmet wurden. Man muss zugeben, dass es reichlich an Platz fehlt angesichts der Zahl von uns Mitgliedern!"

Auf welche neue unglaubliche Offenbarung sollte er sich gefasst machen?

„Warum, wie viele seid ihr denn?"

„200.000, allein im Ballungsraum von Paris!"

„Das ist nicht möglich."

Nach der Verkürzung der Arbeitszeit auf einen halben Tag, eine halbe Woche oder ein halbes Jahr haben sich Kunst und Sport beträchtlich entwickelt. Die Kunsterziehung hat zum Großteil zu diesem spektakulären Erfolg beigetragen. Deshalb müssen wir die Räumlichkeiten ausdehnen, um all die angehenden Künstler aufzunehmen!"

„So! Und was ist die beliebteste künstlerische Betätigung?"

„Die Musik! Man lernt hier, Instrumente zu spielen, Stücke aufzuführen, zu singen, unsere eigenen Produktionen selbst zusammenzustellen. Wir haben bedeutende Künstlerkollektive und Solokünstler. Die Bandbreite reicht vom Rap über Rock, Oper, Slam, klassische Musik bis zu Chormusik. Wir spielen in Clubs, Fabriken, Schulen, Theater und natürlich auf der Straße. Es ist großartig, auch wenn zuweilen Konflikte wegen Lärmbelästigung aufkommen können!"

„Kein Wunder, jeden Abend ein Musikfest – die Nachbarschaft muss zufrieden sein!"

„Deshalb haben wir Konfliktlösungsräte installiert, die gegebenenfalls zusammentreten und in denen Künstler wie Anwohner vertreten sind. Sie sind mit einem Mandat ausgestattet oder manchmal durch das Los bestimmt. Von wenigen Ausnahmen abgesehen funktioniert das."

„Und abgesehen von der Musik?"

„Es gibt eine Vielzahl von künstlerischen Betätigungen, *cámaro*, du kannst dir nicht vorstellen, was an Fantasie und Sinn für Kreativität in uns schlummert und erwacht, sobald unser Geist von der Mehrarbeit befreit ist. Theater, Tanz, Dichtkunst, Skulpturen, grafische Künste … Die Wände der U-Bahn stehen jetzt den Künstlern zur Verfügung, und an jedem Monatsende werden die Benutzer aufgefordert, sich von den Gemälden welche auszusuchen, um sie, wenn sie das wollen, mit nach Hause zu nehmen. Es gibt eine Vielzahl von allen offen stehenden Dauerausstellungen. Im kommenden Jahr im Mai organisieren wir ein Event, das bereits begeistert aufgenommen wurde und an dem wahrscheinlich Hunderttausende Menschen teilnehmen werden. Es handelt sich um das Gedenken der zweiten Zerstörung der Siegessäule auf dem Place Vendôme. Die Mitglieder der Pariser Commune haben vor langer Zeit, im Jahr 1871, diese Säule abgebaut und wollten damit diesem Symbol des imperialen Krieges ein Ende setzen. Wir haben darüber debattiert. Es war kompliziert, denn wenn du damit anfängst, die Kultur der Vergangenheit austilgen zu wollen, dann weißt du, wie und wann es beginnt, du weißt aber nicht, wohin das letztlich führt und wann es aufhört. Walter Benjamin sagt: ‚Es ist niemals ein Dokument der Kultur, ohne zugleich ein solches der Barbarei zu sein.' (Benjamin 1974, 696) Deshalb hat auch das Werk der Zerstörung den Charakter eines Denkmals. Eine Mehrheit hat für eine ‚künstlerische Zerstörung' plädiert und diese ursprünglich zum Ruhm der Mächtigen konzipierte Schöpfung in ein Werk verwandelt, das diesen keine Ehre erweist. Die umgestürzte Säule wird also als Zeichen ihrer ins Gegenteil verkehrten Existenz und ihrer politischen Abdankung auf der Erde liegen bleiben. Picasso sagte: ‚Jeder schöpferische Akt ist zunächst ein Akt der Zerstörung.' Es gibt so viele Projekte, Initiativen und Aktionen, dass ich stundenlang davon erzählen könnte. Zurzeit gibt es zum Beispiel eine mit Leidenschaft gestaltete Ausstellung zu Ehren des französischen Dichters Lautréamont. Sie befindet sich im Museum Louise-Michel, das wir vor einigen Jahren bewusst im Sacré-Coeur untergebracht haben, um den Revolutionären von 1871 symbolisch dieses Gebäude zurückzugeben, das die Regierung von Versailles errichten ließ, um ‚das Schicksal der Commune vor Gott zu sühnen'. Wenn du die Ausstellung besuchst, wirst du die folgenden Worte Lautréamonts lesen, die mich in besonderer Weise geprägt haben: ‚Die Poesie muss von allen betrieben werden.' Ich glaube, dass Isêgoria dieses Prinzip auf alle Gebiete der Kunst angewandt hat."

„Isêgoria?"

„Ja, das ist die Bezeichnung für die jährlich stattfindende Versammlung. Wir haben diesen Kongress vor zwanzig Jahren so genannt und mit dieser Namensgebung das Prinzip der athenischen Demokratie wieder aufgegriffen, das während der beschlussfassenden Versammlung allen gleiches Rederecht garantiert. Unsere Gesellschaft hat endlich verstanden, dass echte Gleichheit im Hinblick auf das gemeinsame Wort die Beseitigung der sozialen Ungleichheiten ebenso zur Voraussetzung hat wie die Verkürzung der Arbeitszeit, um es jedem zu ermöglichen, seine Meinung zum Ausdruck zu bringen. Hier entscheiden wir so viel wie möglich auf lokaler Ebene und delegieren die Kompetenzen hinsichtlich der Koordinierung wirtschaftlicher, ökologischer oder kultureller Projekte an eine höhere Ebene. Unsere Mandatsträger versammeln sich dann zu Kongressen auf regionaler, nationaler, kontinentaler und Weltebene. Alles begann im Jahr 2037 nach der großen Hungersnot, die auf der ganzen Erde gewütet hat."

„Eine Hungersnot im Jahr 2037? Was war die Ursache?"

„Mein Freund, ich glaube am Ende wirklich, dass du ein Zeitreisender aus der Vergangenheit bist. Du sprichst und benimmst dich wie die Ältesten unserer Alten. Der großen Hungersnot ging die Insolvenz des transnationalen Nahrungskonzerns Consortio voraus. Dieser hatte seit mehreren Jahren ein internationales Monopol inne und es war ihm gelungen, allen Bauern der Welt gentechnisch verändertes Saatgut aufzuzwingen, das sich nicht vermehren konnte. Der Konzern hatte das Einverständnis etlicher Staaten erlangt, jede individuelle oder kollektive Kultivierung außerhalb seines Diktats mit schweren Strafen zu belegen. Nach wirtschaftlichen Schwierigkeiten im Zusammenhang mit der Börsennotierung und unter größter Geheimhaltung hat der Konzern auf einen Aufschwung der Aktienkurse für Saatgut spekuliert und Millionen Tonnen einer neuen Getreidesorte gespeichert mit dem Ziel, sie zu einem noch höheren Preis auf den Markt zu werfen. Kurz zuvor hatte die Firma für Mangel und Knappheit gesorgt. Nun, ohne dass man weiß, wie es dazu kam, hat sich mit der Zeit herausgestellt, dass diese Getreidesaaten definitiv unbrauchbar waren. Das waren die ersten Anzeichen und der Beginn einer Nahrungskatastrophe sehr großen Ausmaßes. Die notwendige Zeit für die Wiederaufnahme der alten Produktion in ausreichendem Ausmaß, damit die weltweite Landwirtschaft die Bevölkerung ernähren könne, ließ nach Meinung des Konzerns eine Hungersnot von zwei Jahren erwarten. Es folgte eine weltweite Krise des Ackerbaus, die in der Folge auch die Viehzucht betraf. Die von den Staaten organisierten Lebensmittelersatzprodukte gingen schnell zur Neige und der Hunger breitete sich aus, auch in den reichsten Ländern. Und schließlich trat die Situation ein: Das, was am Abend zuvor noch erträglich war, war es am nächsten Tag für niemanden mehr. Ganze Dörfer wurden vom Hunger ausgelöscht, auf allen Bildschirmen tauchten Bilder von Totgeweihten auf, die an so manchen Orten zur Erhebung der Bevölkerung führten. Eines Tages luden die Regierungen alle Menschen dazu ein, sich zu sammeln und eine Schweigeminute durchzuführen. Nachdem diese Minute vorbei war, kam es zu einer riesigen Bewegung spontanen Ungehorsams, die die Mächtigen überrumpelte. Ohne irgendeine Verabredung oder vorherige Planung kam es niemandem in den Sinn, einfach sein altes Leben wiederaufzunehmen. So dauerte die Schweigeminute zwei, dann fünf, dann zehn Minuten, und schließlich verging eine ganze Stunde ohne einen Laut. Stundenlang rührte sich niemand. Als dann die Nacht hereinbrach, bildeten sich riesige Demonstrationen auf allen Kontinenten, und es kam zum Aufruhr – die Leute hatten schließlich Hunger – und sogar Plünderungen."

„Gab es eine Revolution?"

„Man könnte das so nennen, *cámaro.* Sie hat insgesamt vier Jahre gedauert. Dieser erste Tag der Revolte führte nach und nach zu anderen Forderungen, und so kam es zunächst in Europa zu einer konsequenten Verkürzung der Arbeitszeit, die sich dann wie ein Lauffeuer auf die ganze Welt ausbreiten sollte. Dieser Kampf war von der feministischen Bewegung inspiriert, die bereits lange Zeit zuvor ihre Losung ausgegeben hatte, einmal im Jahr, normalerweise ab Anfang November, die Arbeit niederzulegen. Das beruhte auf der Rechnung, dass die Frauen, wenn sie für die gleiche Arbeit auf der gleichen Position und mit den gleichen Kompetenzen auch dasselbe Entgelt bekämen, ab diesem Tag bis zum Jahresende gratis arbeiten würden. Dieses Beispiel wurde auf den von allen Lohnarbeitern produzierten Mehrwert insgesamt ausgedehnt. Ein Kollektiv von Gewerkschaftern und Wirtschaftswissenschaftlern schlug vor, „die Arbeit mit der Stunde zu beenden, mit der die Gehaltsabrechnung endet". Ihrer Schätzung zufolge bedeutete die Differenz zwischen der Summe des den Gütern und Dienstleistungen durch die Arbeiter hinzugefügten Mehrwerts und der Höhe des Gehalts, das sie bekommen, dass die Arbeiter den Unternehmern im Schnitt einen halben Arbeitstag schenken. Diese Bewegung, die forderte, nur halb so viel zu arbeiten, gewann international an Breite, und der Konflikt eskalierte ..."

„Wie ist das dann gelaufen?"

„Zunächst sehr schlecht. Es kam in fast allen Ländern zu Konflikten, ja sogar zu Kriegen. Die herrschenden Klassen verbündeten sich, und anfangs war die Repression fürchterlich. Wir waren darauf nicht vorbereitet. Dann bildete sich eine große Volksbewegung. Wir konnten widerstehen, aber unter Opfern, die ich niemandem wünsche. Wir wurden zusammengeschweißt, während es völlig unerwartet bei den Herrschenden an der Spitze der Staaten zum Zerwürfnis zwischen denen kam, die verhandeln wollten, und den Hardlinern, die die Mobilisierung ausrotten wollten. Ich meine, wir sind der nuklearen Katastrophe mehr als einmal knapp entgangen."

„Wie wurde der Konflikt gelöst?"

„Die Erhebung hatte eine so breite Basis, dass sich daraus von selbst ergab: Wir hatten gewonnen. Doch es blieb eine Minderheit von einigen Millionen Menschen weltweit übrig, die der alten Oligarchie angehörten oder für sie arbeiteten und sich weigerten, die Waffen zu strecken. Schließlich konnten wir zu einer Vereinbarung gelangen.

„Ein Schlichtungsabkommen wie bei einem Streik?"

„Nein, mein Freund, das kann man nicht gerade sagen, denn im Unterschied zum Ende eines Streiks lehnten wir es ab, dass eine Elite weiterhin die Völker beherrschen kann. Denjenigen, die sich den neuen Regeln der Aufteilung von Reichtum und Macht unter allen nicht unterwarfen, haben wir ein Territorium überlassen, wo wir uns in nichts einmischen, aber umgekehrt lehnen wir jede Einmischung in unsere Angelegenheiten ab. Dieses Territorium gibt es immer noch. Es ist eine kleine Parzelle, ein Relikt aus der Vergangenheit."

„Ein Reservat für die Reichen?"

„Nenne es, wie du willst, *cámaro*. Sie leben nach ihren eigenen Gesetzen, und wir schenken dem sozusagen keine Beachtung mehr. In den ersten Jahren haben sie einige Ehrgeizige angezogen, denn sie genossen den persönlichen Reichtum, den zu bewahren ihnen gelungen war, indem sie ihn die meiste Zeit über verbargen. Doch da ihre Reichtümer im Wesentlichen aus dem Besitz der Schlüsselsektoren der Wirtschaft resultierte, die wir uns wieder angeeignet hatten und diesmal der Gemeinschaft aushändigten, schmolz ihr Diebesgut schließlich wie Schnee in der Sonne dahin. Heute sind sie durch Spannungen und häufig auch durch gewaltsame Konflikte gespalten. Ihr Territorium erinnert an jene alten Schlossruinen, die einige heruntergekommene Nachfahren von Aristokraten bis heute hartnäckig in ihrem Besitz halten. Doch ich rede zu viel, wir kommen zum Palast, ich überlasse es dir, selbst auf Entdeckungsreise zu gehen …"

Sie durchschritten die hohen Gitter des Palasts und stiegen langsam die Stufen hinauf. Er erinnerte sich an zahlreiche Versammlungen, an denen er teilgenommen hatte, um die Freilassung von unter Anklage stehenden Aktivisten zu fordern. Im Inneren des Gebäudes sah man keine blauen Uniformen, keine schwarze Robe weit und breit. Der Justizpalast war ein menschlicher Bienenstock geworden, seine Wände zierten Gemälde. Es wimmelte nur so von höchst anregenden Kunstworkshops. Eine städtische Tanzaufführung erregte seine Aufmerksamkeit. Er setzte sich auf eine Bank und schloss die Augen. Er hatte niemals so etwas Fesselndes gehört. Sein Geist wurde ruhig und so sehr betört, dass er sanft entschlummerte, ohne sich dagegen zu wehren.

„Mein Herr, ich muss sie hier wecken, wir sind an der Endstation angelangt!"

Die Stimme, die ihn aus seinen Träumen riss, war barsch. Die Türen der U-Bahn öffneten sich geräuschvoll und drangen unangenehm an sein Ohr. Zum Glück konnte er mit einem Sprung hinausgelangen. Sein menschlicher Wecker war bereits verschwunden. Er zog sein Handy aus der Tasche. Er hatte wieder ein Netz. Doch dieser neuerliche Trost war nur von kurzer Dauer, denn es war schon spät nachts. Ratlos begriff er, dass er Gefahr lief, seinen letzten Zug zu verpassen. Ein riesiges Plakat pries die Vorteile eines zinslosen Kredits unter gewissen Bedingungen. Was war denn passiert? Dieser Traum schien so wirklich zu sein. Mit einem Taubheitsgefühl ging er unbeholfenen Schritts durch die Gänge der U-Bahn Richtung Bahnhof. Das Aufeinanderstoßen in der überfüllten U-Bahn spießte ihn regelrecht auf, sein Geist versuchte wieder Bodenhaftung zu bekommen. Er hätte zu gern mehr über diese seltsame Welt gewusst, die er bereits vermisste. Während er sich in die Bahnhofshalle begab, bemerkte er zwei junge Leute, die damit beschäftigt waren, ein Plakat zu kleben, das eine unmittelbar bevorstehende Demonstration ankündigte. Einer der beiden, ein Eisenbahner, den er, wie er sich erinnerte, auf einer früheren Versammlung getroffen hatte, kam auf ihn zu und gab ihm ein Flugblatt.

„Sehen wir uns morgen auf der Demo … *cámaro*?“

Literatur

Abensour, Miguel, Utopiques IV. L'histoire de l'utopie et le destin de sa critique, Paris 2016.

Althusser, Louis, Für Marx, Frankfurt a. M. 1974.

Althusser, Louis, et. al., Das Kapital lesen, Münster 2015.

Artous, Antoine, Travail et émancipation sociale. Marx et le travail, Paris 2003.

Benjamin, Walter, Über den Begriff der Geschichte, in: ders., Gesammelte Schriften I/2, Frankfurt a. M. 1974, 691–704.

Bensaïd, Daniel, Le Pari mélancolique, Paris 1997.

Bensaïd, Daniel, Éloge de la politique profane, Paris 2008.

Bloch, Ernst, Das Prinzip Hoffnung (3 Bde.), Frankfurt a. M. 1959.

Dietenberger, Manfred, Der Kampf um die Arbeitszeit, in: Lunapark 21 (März 2013).

Fromm, Erich, Haben oder Sein. Die seelischen Grundlagen einer neuen Gesellschaft, Stuttgart 1976.

Goldmann, Lucien, Gibt es eine marxistische Soziologie?, in: ders., Dialektische Untersuchungen, Neuwied 1966, 213–238.

GW = Luxemburg, Rosa, Gesammelte Werke, Berlin 1972 ff, Bde. 1–7 (zitiert als :GW mit entsprechender Band- und Seitenzahl)

Gramsci, Antonio, Die Revolution gegen das „Kapital" [1917], in: Antonio Gramsci – vergessener Humanist? Eine Anthologie. Zusammengestellt und eingeleitet von Harald Neubert, Berlin 1991.

Guevara, Ernesto Che, Über das Haushaltsmäßige Finanzierungssystem, in: ders., Politische Schriften. Eine Auswahl, Berlin 1976, 41–77.

Harvey, David, Marx' Kapital lesen. Ein Begleiter für Fortgeschrittene und Einsteiger, Hamburg 2011.

Husson, Michel, Pourquoi et comment réduire le temps de travail, in: Contretemps, 2. Juli 2016 (a).

Husson, Michel, Le monde merveilleux du revenu universel, in: À l'encontre, 22. Dezember 2016 (b).

Husson, Michel/Treillet, Stéphanie, La réduction du temps de travail, un combat central et d'actualité, in: Contretemps 20 (2014).

Kongreß-Protokolle der Zweiten Internationale. Band 1: Paris 1889 – Amsterdam 1904, Glashütten 1975.

Lafargue, Paul, Das Recht auf Faulheit & Persönliche Erinnerungen an Karl Marx, Frankfurt a. M. 1966.

Luxemburg, Rosa, Der Achtstundentag auf dem Parteitag, in: Gesammelte Werke, Band 1/2, Berlin 1972, 287–290.

Luxemburg, Rosa, Einführung in die Nationalökonomie, in: Gesammelte Werke, Band 5: Ökonomische Schriften, Berlin 1975, 524–778.

Luxemburg, Rosa, Massenstreik, Partei und Gewerkschaften, in: Gesammelte Werke, Band 2: 1906 bis Juni 1911, Berlin 1974, 91–170.

Mandel, Ernest, Macht und Geld. Eine marxistische Theorie der Bürokratie, Köln 2000.

Marx, Karl / Engels, Friedrich, Kritik der bürgerlichen Ökonomie. Neues Manuskript von Marx und Rede von Engels über F. List, Hamburg 1972.

MEW = Marx, Karl / Engels, Friedrich, Werke. Hg. vom Institut für Marxismus-Leninismus beim ZK der SED, Bde. 1–40, Berlin 1956 ff (zitiert als: MEW mit entsprechender Band- und Seitenzahl).

Mascolo, Dionys, Le communisme. Révolution et communication ou la dialectique des valeur et besoins, Paris 1953.

Morris, William, Travail utile et vaine besogne (1885), in: Jappe, Anselm (Hg.), La Civilisation et le Travail, Paris 2013.

Peinard, Père, Faramineuse consultation sur l'avenir, o. O. 1896.

Trotzki, Leo, Der Todeskampf des Kapitalismus und die Aufgabe der IV. Internationale. Das Übergangsprogramm, Frankfurt a. M. 1974.

Vaneigem, Raoul, Handbuch der Lebenskunst für die jungen Generationen, Hamburg 2008.

Weber, Max, Die protestantische Ethik und der Geist des Kapitalismus, in: ders., Die protestantische Ethik und der Geist des Kapitalismus / Die protestantischen Sekten und der Geist des Kapitalismus (Max Weber Gesamtausgabe, Bd. 18), Tübingen 2016, 123–492.

Die Autoren

Olivier Besancenot, geb. 1974, ist ein französischer Politiker. Er war Sprecher und Präsidentschaftskandidat der trotzkistischen Ligue communiste révolutionnaire (LCR) sowie Gründungsmitglied und zeitweise Sprecher des Nouveau Parti Anticapitaliste (NPA). Von seinen zahlreichen Veröffentlichungen ist auf Deutsch verfügbar: *Revolutionäre Annäherung. Unsere roten und schwarzen Sterne* (Berlin 2016).

Michael Löwy, geb. 1938, wurde als Sohn jüdisch-wienerischer Eltern in São Paulo geboren und lebt seit 1969 in Paris. Er ist emeritierter Forschungsdirektor am CNRS (Centre national de la recherche scientifique). Seine Bücher wurden in 30 Sprachen übersetzt. Auf Deutsch erschien zuletzt: *Franz Kafka. Träumer und Rebell* (Wiesbaden 2023).